KB117553

IT 회사에 간

문과 여자

■ ■ ■ ◆ ■

IT 회사에 간

염지원

문과 여자

ㅁㅈ

뭐든 다 괜찮을 리는 없겠지만

야망이니 뭐니 낯부끄러운 이야기를 많이 해왔고 앞으로도 할 거지만, 결국 내가 원하는 것은 간단하다. 나는 내 삶의 주인이고 싶다. 다른 누군가가 내 인생을 결정해주거나 몰아가는 대로 가만히 따라가고 싶지 않다. 어차피 자본주의 사회에서 열심히 일해봤자 사장 주머니로밖에 안 들어가겠지만 그래도 내가 꾸리는 내 하루, 내 일주일, 내 한 달, 내 일 년이 펼쳐지는 방향만은 내가 결정한다는 감각을 유지하고 싶다.

아직 내 인생이 성공했다고 말할 수는 없다. 하지만 '잘하고 싶다'는 강력한 열망이 있고 되도록 앞으로 사회가 말하는 성공도 하고 싶다. 더 잘하고 싶다는 마음은 병이 되기도 하고, 내가 괴물처럼 느껴지게 하기도 한다. 그런 게 싫어서 브런치에 글을 쓰기 시작했다.

하지만 책을 쓰는 건 두려웠다. 책을 쓰는 사람들은 대개 비범하거나 위트가 넘친다고 생각했다. 그에 비해 나는 별로 재미있는 사람도 아니고 '책 쓸 만큼'의 성취도 없는 사람이다. 출판사 대표님이 "지원님이 열심히 사는 이야기를 써주세요"라고 했을 때에야 자신감이 붙었다. 열심히 사는 것만큼은 정말 자신 있으니까.

이 책을 다 읽고 혹시나 "다 네가 하기 나름이니까 노오오력해"라고 느끼는 사람이 있을까 봐 두렵다. 그렇지만 "멈춰도 괜찮아" "잘될 거니까 네 속도를 지켜" 따위의 말들도 어려움에서 벗어나는 데 도움이 돼주지 못했다. 그래서 다른 얘기를 하고 싶었다. 멈춤과 쉼을 통한 에너지 충전이 필요할 때가 있지만, 다시 딛고 일어나야 하는 순간에 필요한 건 치밀한 전투 전략이다. 그리고 마침내 다시 섰을 때는 더 오래 서 있을 수 있도록 버티는 힘을 길러야 한다.

이 책에 담긴 글들은 내가 사회에 나와 전투한 기록이다. 세상에서 의미 있는 존재가 되기 위한 매일의 싸움을 담은 글이자 그저 내 이름 걸고 하는 일인 이상 순수하게 잘하고 싶다는 착실한 열망의 기록이다. 뭐든 다 괜찮다는 설익은 위로를 남기진 못했다. 내게는 대개 뭐든 다 괜찮지 않을 확률이 높았다. 그저 이 기록이 나와 비슷한 매일을 보내고 있을 사람들에게 자신만의 확실한 선을 정하는 데 도움이 됐으면 좋겠다. 우리가 관장할 수 있는 이 작은 영역 안에서 최선을 다하고 싶다는 마음, 잘해내고 싶다는 성실하고도 유약한 열망, 이게 쌓여서 결국은 멀리 갈 수 있을 것이라는 낙관을 나누고 싶다.

결국 나를 살게 하는 것은 어제보다 조금 더 나아지고 있다는, 앞으로 나아가고 있다는 운동감이다. 많은 사람에게도 그럴 것이라고 믿는다.

목차

프롤로그   뭐든 다 괜찮을 리는 없겠지만   5

1   엔지니어가 된 문과생

> '가슴 뛰는 일' 같은 소리   13
> 브레이크가 고장 난 8톤 트럭   21
> 눈물아, 제발 나대지 좀 마   34
> 엔지니어가 되기 위해 했던 일들   40
> 문과생의 전환의 기술   51
> 문과 여자들이여, 두려워 마요   61

2   일을 사랑하게 된 밀레니얼

> 여기는 학교가 아니야   71
> 이게 진짜 다라고?   79
> 대체 불가능한 사람이 되고 싶다는 환상   88
> 일을 사랑해도 되는 걸까?   95
> 그때의 나와 닮은 후배들 앞에 선 지금의 나   103
> 결국, 사람   111

■ ■ ◆ ■

3   남초 업계에서 일하는 젊은 여자

>   젊은 여자가 아니라 '나'로 살 수는 없을까?   119
>   남초 업계에서 여자 엔지니어로서 인정받기   129
>   여자가 일하기 좋은 회사라는 개소리   138
>   외국계 회사에서 여자로 일하기   146
>   여자를 미워해도 될까?   156

4   야망을 품은 성실한 회사원

>   다시는 열심을 무시하지 말자   165
>   프로로서의 우아함   172
>   야망이라는 말의 재구성   183
>   불안을 연료로 쓰지 않는 오래달리기   192
>   건강한 성장을 위한 시스템   201
>   번아웃과 함께 살기   208

부록 1   IT 업계 비전공자 주니어에게   213
부록 2   진짜로 더 멀리 가는 사연   223

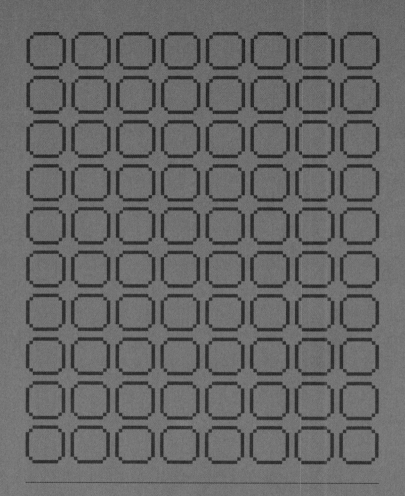

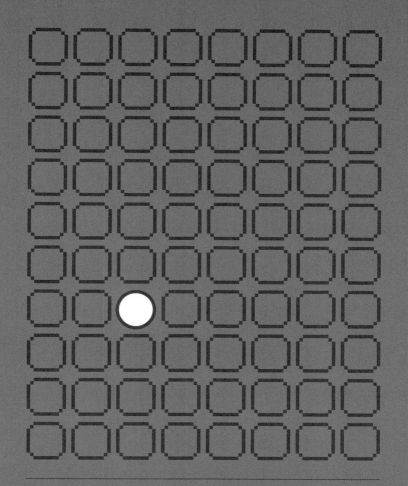

1   엔지니어가 된 문과생

일러두기

이 책의 내용은 저자의 소속과는 무관한 개인적인 견해입니다.

'가슴 뛰는 일'

같은 소리

1990년대 초반에 출생한 문과생들에게 사회가 정해준 롤모델은 반기문과 한비야였다. 바보처럼 공부하고 천재처럼 꿈꾸고 심장을 뛰게 하는 일을 해야 했다. 반기문과 한비야가 슈퍼스타로 떠오를 때 나는 마침 대입 입학사정관 전형을 준비하던 학생이었다. 심장을 뛰게 하는 일이 무엇인지 얼른 결정해야 했고 정말 많은 자기소개서를 써야 했다. 쓸 때는 모두 진심이라고 생각하며 썼지만 솔직히 스스로에게 최면을 거는 느낌도 있었다.

고등학생 때는 '가슴 뛰는 일을 찾은 나'라는 스스로의 모습에 심취하지 않으면 견디기 어려웠던 것 같다. 이유는 여러 가지가 있었다. 먼저 나는 중학생 때 치열한 외고 입시를 치렀지만 처절하게 실패했다. 그때 새벽 3시까지 학원에서 함께 공부했던 친구들은 다 외고에 갔다. 떨어졌어도 일반고에 가서 다들 전교 1등을 했다. 나는 아니어서 괴로웠다. 고등학교에 들어가 첫 중간고사를 치른 뒤 친구들이 1등 했다는 소식을 듣고 열등감에 잠을 이루지 못할 정도였다.

또 이상하게 어렸을 때부터 남이 시키는 걸 하는 게 너무 싫었다. 그래서인지 다른 친구들처럼 '대학만 가면' '대학 가려고 공부하는 거지'라고 여기며 공부하기에는 왠지 자존심이 상했다. 결국 나는 대학 이상의 인생 비전을 위해 공부한다고 생각하기로 했다. 단순히 좋은 대학에 가는 것을 넘어 더 고고한 목표가 있다고 말이다. 세상이 시키는 일을 해내야만 하는 시기를 그런 마음으로 지나려고 했다. 내 고등학생 시절은 남들과 다르고 싶다는 커다란 열망, 그렇지만 동시에 모두에게 인정받는 위치에 있고 싶다는 욕망이 잔뜩 뒤엉켜 있었다.

여러 대외활동, 스터디, 동아리 등을 거쳐 당시 내가 선택했던 가슴 뛰는 일은 기후변화로 발생하는 인권 문제를 해결해보고 싶다는 것이었다. 서울시에서 운영하던 대외활동을 한 적이 있는데, 활동 중 하나로 어떤 다큐멘터리를 본 것이 계기가 됐다. 섬나라 투발루Tuvalu에 관한 이야기였다.

투발루는 상대적으로 기술과 문화를 누릴 기회가 적은 나라인데, 다른 나라 사람들이 기술과 문화를 만끽하며 발생하는 탄소 배출 때문에 물에 가라앉아 사라지고 있었다. 다큐멘터리를 보면서 갑자기 모든 것이 불공평하다는 생각이 들었고, 내가 누리고 있는 것들이 수치스럽게 느껴져 눈물을 펑펑 쏟았다. 그래서 국제기구에 들어가 이 문제를 꼭 해결하고 싶다고 생각했다.

지금 생각해보면 그걸 왜 국제기구에 들어가서 해결해야 하나 싶지만, 사회적 위상과 간지를 잃을 수 없는 말 못할 욕망과 순진한 다정함 어드메에서 내린 열일곱 살의 결정이었던 것 같다. 여기에서 나아간 더 어이없는 결론은 정치외교학을 공부하겠다는 거였다. 돌이켜보면 정말 요상한 타협이었다. 자유롭고 멋지게 세상에 의미 있는 일을 하는 것처럼 보이는 한비야도 되고 싶고, 사회적으로 인정받는 것처럼 보이는 반기문도 되고 싶었던 열일곱 살은 이 둘을 적당히 현실적으로 타협해 '있어 보이는' 전공을 선택하려 했다.

이런 결정을 내린 뒤 나는 스스로에게 최면을 걸었다. 내가 원하는 건 오직 이것뿐이라고.

이 모든 게 입학사정관 제도 때문은 아니지만 이 제도는 참 나쁘다. 대한민국 고등학생의 생활은 이상향에 대한 가치 판단을 할 만큼 안정돼 있지 않다. 그런데도 가슴 뛰는 일이 있어야 하고 그걸 어떻게든 증명해야 한다. 그 과정에서 이 일이 정말 내 인생의 소명이라고 너무도 섣부르게 판단해야 한다. 더 놀라운 건 세상이 시키는 대로 가슴 뛰는 일을 찾고, 그걸 증명하기 위해 여러 활동을 열심히 했는데도 모든 입학사정관 전형에서 탈락했다는 것이다. 나는 결국 수능 점수로 대학을 갔다.

나름의 성취와 좌절을 겪고 대학생이 됐지만 대학은 또 너무 다른 메시지들을 던졌다. 나는 고등학생 때 이미 인생의 목적과 지향점을 찾았고 그걸 위한 노력만 하면 된다고 생각했는데 대학생이 되니 잘 놀기까지 해야 했다. 예쁘고 매력 있는데 잘 놀면서도 꿈이 있는 낭만적인 청년. 고등학생일 때는 놀지 않고 사는 게 권장되기까지 했는데 대학에 오니 사람들이 다 내게 왜 안 노냐고 했다. 난 혼란스러웠다. 그래서 고등학생 때 친하게 지냈던 선배에게 물어봤다. "놀라는 게 대체 무슨 말이에요?" 그는 정말 황당하고 안타깝다는 듯이 말했다. "넌 그런 걸 질문이라고 하는구나."

내 주변 사람들은 이미 그 말에 적응해서 너무 잘 지내고 있었던 것이다. 열정을 가질 수 있는 일을 찾으라고 해서 나름대로 열심히 살면서 시간을 보냈는데, 나는 하루아침에 미팅 하고 술 마시고 노래방 가는 게 더 정상인 세상에 진입해버렸다.

근데 나는 노는 데 별로 소질이 없었다. 술도 잘 못 마셔서 대학생들의 모임 문화에 영 적응을 못했다. 대학생이 되니 어떤 것에서도 우위를 점하지 못한 것 같았고, 점점 이도 저도 아닌 사람이 될까 봐 두려워졌다. 그래서 나는 인생의 목표를 빨리 설정해서 거기에 매진하자고 생각했다. '88만 원 세대' '아프니까 청춘이다' 등 세상이 팍팍하다는 신호도 곳곳에서 쏟아져나오고 있던 때였다. 나는 '가슴 뛰는 일'에 정진한다는 과제를 빨리 해치워버리고 싶었다.

하지만 기후변화 문제 해결을 위해 국제기구에 들어가 겠다는 꿈은 시들해졌다. 바라던 대로 정치외교학과에 진입 했지만 너무 많은 동기가 국제기구에 가고 싶어 해서 그 일이 더는 특별하게 느껴지지 않았다. 나만의 가슴 뛰는 일이 남들 도 다 꾸는 꿈이란 건 또 어딘지 모르게 자존심이 상했다.

노선을 바꾸기로 마음먹었지만 처음으로 뭘 해야 할지 잘 모르겠다는 생각을 했다. 그래서 원래 잘하던 공부를 엄 청 열심히 했다. 열심히 한만큼 잘하지는 못했지만 정말 열 심히 했다. 다른 선택지들을 탐색할 수도 있었지만 나는 그 방법을 몰랐고, 그때 나는 탐색하는 시간을 '공백'의 상태라 고 생각했다. 공백은 더 무서웠다. 그래서 나는 공부를 열심 히 하는 스스로를 포장했다. 난 공부를 적당히 잘하고 적당 히 즐겁기도 해. 이게 내가 원하는 가슴 뛰는 일이야.

게다가 박사 학위가 있는 사람들의 말은 대개 감동적이 었다. 그럼 계속 공부를 해서 나도 박사 학위를 따면 됐다. 또 내가 본 거의 모든 책과 다큐멘터리에 나오는 사람들은 모두 교수였다. 그럼 박사 학위를 따서 나도 교수가 되면 됐 다. 스물의 나는 또 얼렁뚱땅 교수를 하겠다고 생각했고, 이 후로도 꽤 오랫동안 교수를 목표로 삼고 살았다.

한비야와 반기문의 중간을 꿈꾼 것도, 교수가 되고 싶다고 생각한 것도 그저 열정을 가져야 한다는 강박 때문에 내가 본 몇 안 되는 존재들을 우상화하고 있던 것뿐이라는 생각이 든다. 나는 내가 가진 목표들을 수정하거나 돌이킬 수 없다고 생각했다. 목표는 계속 유지해야 하는 것이었으니까. 타고난 모범생 기질과 '인생의 목적'이라는 담론의 충돌은 나를 폐쇄적인 사람으로 만들었다.

　　결론적으로 나는 대학 시절을 아쉽게 보냈다. 다른 친구들처럼 다양한 가능성을 조금 더 열린 마음으로 만나보지 못했다. 내가 이해할 수 있는 주제 안에서 성적 받기 크게 어렵지 않아 보이는 수업만 골라 들으며 열심히 학점을 채웠다. 관심이 있었던 타 전공 수업 교수님께 메일까지 보내며 조언도 구했지만 내 학점 평점을 떨어뜨릴 것 같아 듣지도 않았다. 노는 데 소질이 없다는 이유로 제대로 놀지도 않았고, 하고 싶은 공부를 적극적으로 하지도 않은 것이다. 어쩜 이렇게 바보 같았을까? 정말로 학점 같은 거 내 인생에 전혀 지장을 주지 않았는데 말이다.

　　공부를 하지 않을 때는 돈이 급하지도 않았는데 죽어라

과외만 했다. 그렇게 모은 돈들은 어디에 쓴지도 모른 채 사라져버렸다. 새로운 사람을 만나는 건 너무 어렵고 부담스러워서 내게 손 내밀어주는 모든 이를 외면했다. 팀플이 있다는 핑계를 대며 당일에 약속을 취소해버리는 우습고 비겁한 방법으로. 서툴러도 용서받을 수 있는 시기를 나는 너무 안전하게 빨리 보내버리기만 했다. 너무 아쉽다.

다시 대학생으로 돌아간다면 뭘 하려고 할까? 아마 내게 딱 맞는 것을 찾기보다 내게 절대 안 맞는 것을 골라내려 할 것 같다. 평가하는 마음 없이 닥치는 대로 많은 것을 해보면서 나의 상한선과 하한선을 찾는 것이다. 그렇게 해야 사회인이 됐을 때 일이든 삶이든 조금 더 넓은 시야로 바라볼 수 있게 되는 것 같다.

그러니 너무 어렸을 때부터 가슴 뛰는 일을 찾으라고 하지 않았으면 좋겠다. 인생을 즐기라거나 놀라고도 하지 말아줬으면 좋겠다. 나처럼 우유부단하고 말 잘 듣는 인간은 그 말들 때문에 더 좁은 원에만 갇혀버릴 수도 있다.

브레이크가 고장 난

8톤 트럭

나는 대학에서 정치외교학과 심리학을 전공했다. 회사 때문에 학위는 못 받았지만 미술사에도 관심이 많은 인문학도였다. 공부를 하며 세상을 더 나은 곳으로 만들고 싶다는 꿈을 꿨지만 대체 '무엇'으로 이룰 것인가에 대한 답을 찾지 못했고 결국 무작정 취업 시장에 뛰어들었다.

그리고 지금은⋯ 그 꿈을 의식적으로 더듬어보지 않으면 나 자신이 누구인지 알기 어려운 직장인 1이 됐다. 그것도 IT 업계에서, 엔지니어라 불리며. 처음에는 인프라 관리와 개발을 했고 지금은 클라우드 기술 전문가로 일하고 있다. 기술적 전문성을 쌓으려 퇴근 후에 고군분투하고 신기술에 눈을 반짝이다가도, 회사라는 존재가 필연적으로 주는 좌절에 빠지면 "월급이나 받자!"고 외치는 무한루프에 빠져 산다. 정말 직장인 1이 돼버렸다.

이런 내가 제일 많이 듣는 질문이 있다. "어쩌다 IT 회사에 들어갔어요?" 간단히 말하자면 천운이 따랐다. 알 수 없는 우주의 기운이 나를 그 회사로 이끌어줬다는 말밖에는 할 수가 없다.

원래는 대학원에 가서 계속 공부를 할 생각이었다. 책에서 보는 사람들 중, 세상에 선한 영향을 주는 사람들은 대개 박사 학위가 있는 것 같아서였다. 그렇지만 학교 다니는 내내 학문과 실천의 괴리를 느꼈다. 결정적으로 공부를 더 하려면 내 실력보다는 부모의 재력과 인맥이 더 중요한 것 같았다. 평범한 집에서 태어난 내게는 그게 점점 더 불가능한 일처럼 느껴졌다. 그래서 돈이나 벌자는 생각으로 취업 준비를 하다 외국계 IT 회사 전환형 인턴에 합격했다.

사실 회사에 대단한 뜻이 있었던 것은 아니라 그냥 전

공 무관이라 돼 있던 부서를 골라 썼다. 어떤 회사인지, 무슨 일을 하는 부서인지 전혀 몰랐다. 컴맹에 가까웠기에 면접 준비도 무식하게 했다. 구글에 그 회사 이름을 검색했을 때 나오는 관련 기사 3년치를 모두 읽었다. 공식 홈페이지에 나오는 제품은 대략적으로라도 다 외워서 무조건 달달달 말하는 연습을 했다. 스터디에 나가 IT 회사 취업 준비를 했던 분들을 붙잡고 무작정 질문을 하기도 했다. "홈페이지에 있는 이 내용은 도대체 무슨 말인가요?" "이런 제품이 왜 필요한 건가요?" "그래서 이 회사가 잘하고 있는 건가요?" 아무것도 몰라서 질문조차 밑도 끝도 없었다.

최종 면접을 볼 때 준비한 대로 잘 대답했다. 그리고 "우리 회사에는 왜 오고 싶었어요?"라는 질문을 받았다. 너무나도 예상 가능해서 마음속으로 100번 정도는 말해봤던 그 질문이었다. 그런데 눈물이 터져버렸다. 아직도 그 이유를 모르겠지만 다행히 면접관 중 한 분이 나를 데리고 나가줬다. 그는 "지원 씨가 마음 편히 얘기할 수 있을 때까지 충분히 시간을 가진 다음에 돌아와요"라고 말했다. 나는 곽휴지를 붙잡고 더 서럽게 울었다. '내가 이렇게 좋은 회사를 최종 면접까지 와서 떨어지는구나!'

이 얘기를 할 때마다 같이 취준을 하던 사람들은 "아, 그래도 울지는 말지… 아, 너무 아깝다…"라는 반응을 보였다. 정말 떨어졌다는 생각에 면접을 본 후 한동안 폐인처럼 지내기도 했다. 그런데 결과는 합격이었다. 게다가 지원자 중 유일하게 면접관 전원이 찬성한 합격자(라고 나중에 들었다)였다. IT의 I도 모르던 사람이 심지어 최종 면접에서 눈물까지 보였는데도 IT 공룡급 회사에 들어간 것이다.

이렇게 들어간 회사여서 그런지 정말로 회사 다니는 게 즐거웠다. 주말에도 출근을 하고 싶을 정도였다. 내가 이렇게 좋은 회사에 들어왔다는 걸 믿을 수 없었다.

내가 들어간 부서는 고객사들의 IT 시스템을 위탁받아 운영하는 서비스 부서였다. 내 입사 동기들은 엔지니어 역할이었지만 나는 그들을 지원하는 팀에 들어갔다. 그중에서도 프로세스 컴플라이언스process compliance를 관리하는 팀이었는데, 고객사의 시스템들을 안정적으로 운영하는 데 필요한 여러 절차를 관리하는 일을 했다.

구체적으로는 우리가 관리하는 시스템에 어떤 변경 작업을 한다면 왜 하는지, 작업은 잘 계획됐는지, 필요한 승인과 기술 검토는 거쳤는지 등을 감독하고, 어떤 시스템에서 장애가 발생하면 무슨 이유로 장애가 발생했고 다음부터 이런 장애가 발생하지 않게 하려면 어떤 일을 해야 하는지 조사·분석해 고객에게 보고하는 업무였다. 이 일을 하며 일반 사용자가 이용하는 IT 서비스란 무엇인지, 애플리케이션·서비스가 작동하려면 어떤 것들이 필요한지, '서버 폭파' 장애 없는 서비스 수준을 유지하기 위해 어떤 일들을 하는지 알 수 있었다. 모든 게 새로웠고 재미있었다.

　　1년이 넘어가자 이 마음들이 사라졌다. 내겐 기술에 대한 전문성이 전혀 없다는 근본적인 한계가 있었기 때문이다. 기술을 모르니까 사람들에게 계속 아쉬운 소리를 하며 한 번만 더 설명해달라고 해야 했다. 들은 말을 앵무새처럼 옮기다 질문이라도 받으면 바보처럼 일시정지될 수밖에 없었다. 그러다 보니 사람들은 나를 한껏 무시하고 마음껏 휘둘러댔다.

　　시간은 흐르는데 이 업계에서 굉장히 겉도는 것 같다는 생각을 지울 수 없었다. 만으로 딱 2년을 채운 날, 퇴사하고 전문직에 도전하거나 죽이 되든 밥이 되든 기술직으로 옮겨야겠다고 결심했다. 나는 남의 말을 옮기는 게 아니라 스스로 말을 만들어내고 싶었다. 남을 '지원'하고 '관리'하는 게 아니라 무대의 주인공이 되고 싶었다. 그 열망은 걷잡을 수 없이 새어나왔다.

만약 전문직에 도전한다면 뭐가 될 수 있을지 고민해봤다. 그때 내 친구들이 대거 로스쿨에 들어가고 있어서 나도 자연스럽게 그쪽을 생각했다. 그런데 아무래도 퇴사하고 로스쿨에 가는 건 겁이 났다. 시험을 위한 공부를 그렇게까지 오래할 수 있을까? 내겐 너무 날카로웠던 외고 입시의 기억이 스쳐지나갔다. 또 나는 막연히 해외에서 일해보고 싶다는 생각도 했기 때문에 국가에 귀속되는 전문직 자격증이 정말 맞을까 싶었다. 거기까지 생각을 하니 차라리 업무를 위해 공부하던 자격증과 시스템 쪽이 더 재미있고 쓸모 있게 느껴졌다.

혼자 고민하던 나는 무작정 나와 친했던 다른 팀 팀장님을 찾아갔다. "그 팀에 자리 없나요? 저도 그 팀에서 일해보고 싶어요." 그랬더니 내 거취에 대한 논의가 빠른 속도로 진행됐다. 그간 빠르게 배우고 성실히 성과를 냈던 모습, 무엇이든 배울 준비가 됐다는 나의 공격적이고 진지한 태도를 팀장님들이 좋게 봐준 거였다. 다행히 신입을 키워주는 문화가 있는 회사였던 것도, 컴플라이언스 업무 경력이 도움이 되는 '서버 관리자'라는 직무에 공석이 있었던 것도 한몫했다. 그렇게 직무 전환 의사를 밝힌 지 일주일 만에 내가 갈 자리가 마련됐다.

비전공자인데다 경력도 없는 사람을 기술직에 넣어준다니 고마운 일이었지만 기존에 그 일을 하던 사람들은 우려의 목소리를 냈다. "서버 관리는 굉장히 정적인데 적성에 맞아요?" "시대의 흐름에 뒤처질 수밖에 없는 일인데 괜찮아요?" 시장에서는 서버를 관리할 필요가 없는 클라우드 얘기가 계속 흘러나오던 시점이었다. 이 바닥에서 조만간 없어질 직업 1위로 손꼽히는 서버 관리자를 하겠다고 하니 다들 이해가 안 된다는 반응을 보였다.

걱정의 말들은 귀에 못이 박히도록 이어졌지만 나는 멈추지 않았다. 브레이크가 고장 난 8톤 트럭 같았다. 직무 이동과 함께 송도에 있는 데이터센터로 다시 발령을 받았고 2주 후에는 집까지 구해 생애 첫 자취도 시작했다. 한 달 만에 인생이 송두리째 바뀌었다. 나는 그때도 내 삶이 요동치고 있다는 걸 생생하고 명확하게 느꼈다.

많은 사람에게 데이터센터 서버 관리자라는 직무가 생소할 것 같다. 서버 관리자는 말 그대로 서버에 말썽이 생기지 않게 서버를 지키고 앉아 있는 사람이다. 모든 회사에는 업무를 가능하게 하는 컴퓨터, 즉 서버가 존재한다. 내가 맡은 업무는 그 서버들에 문제가 생기지 않게 하는 것이었다. 유튜브 채널 〈네고왕〉에서 장영란의 "서버 터지면"이라는 공약이 지켜지지 않을 수 있게, 공채 지원 마감일에 특정 기업 서버들이 터져버리지 않게 하는 일이다.

이 서버들에게는 아주 많은 네트워크 케이블, 전원 연결선, 항온항습 체계, 비상시에 사용할 예비 전력 등이 필요하기 때문에 데이터센터라는 전문 시설에 위치하게 된다. (클라우드를 사용하지 않는다는 전제 하에) 대기업들은 보통 자체 데이터센터를 갖고 있고, 그렇지 않은 곳들은 다른 사람들이 세워놓은 데이터센터에 일부 자리만 빌린다든지 하는 식으로 서버들을 운영하게 된다. 나는 내가 다니던 회사에 운영 외주를 의뢰한 고객사 데이터센터에 상주하는 서버 관리자 역할을 맡았다. 장비들에 문제가 생기지 않았는지 살피며 주기적으로 점검하기, 가끔 소프트웨어 엔지니어들이 정기점검 하러 올 때 문 열어주기, 서버 보안 설정하기 등의 업무를 했다.

안타깝게도 사람들 걱정이 맞았다. 데이터센터에서 일하는 건 생각했던 것보다 훨씬 더 지루했다. 문제가 일어나지 않도록 지키고 앉아 있는 일이 재미있을 리 없었다. 게다가 장애라도 났다가는 새벽에 부리나케 뛰어와야 하니 부담감도 컸고 짜증도 났다. 그리고 운영 업무 전반적으로 팽배해 있는 '내 일 아니면 됐어'라는 분위기가 나를 힘들게 했다.

우리는 서버를 잘 돌보며 지켜야 하기 때문에 문제없이 모든 게 잘 돌아가는 것이 디폴트값이었다. 뭔가 문제가 생기면 누군가는 'X되는' 방식의 사업 모델인 셈이다. 구조적으로 누군가의 잘잘못을 가려야만 하는 환경에 있다 보니 자연스럽게 다들 내 일과 남 일의 경계선만 바라봤다. 우리 팀 업무 범위에 있는 일이지만 조금이라도 OSoperating system 영역에서 벗어난다 싶으면 다들 나 몰라라 했다. 나는 '내 것'에 관련된 건 웬만하면 다 알고 싶고, 새로운 일에 관심이 많아 뭐든 배우고 싶어 하고, 다른 사람들이 뭘 하고 있는지 굉장히 궁금해하는 사람이라 그런 팀 분위기에 적응하는 게 어려웠다.

　사실 첫날부터 뭔가 안 맞는다는 느낌을 받긴 했지만 이 일은 내 인생의 전환점이었다. 처음으로 독립을 하기도 했다. 게다가 그 과정에서 많은 사람의 배려와 관심을 받았기에 새롭게 만난 팀을 좋아해야만 했다. 마음은 불편했지만 새로운 기술을 배우는 것에 집중하기로 하고 열심히 공부했다. 그런데 6개월 정도 지나고 나니 뭔가 배우고 성장한다는 느낌이 들지 않았다. 그래서 나는 계속 밖으로 돌았다. 데이터센터에서 들을 수 없는 바깥세상 일이 궁금해서 사내 교육이나 외부 세미나를 열심히 다녔다.

　그러다 "자리를 너무 많이 비우는 것 같다"는 피드백을 받았다. 당시 회사는 외부 교육 등에 참석하는 것을 적극적으로 권장했고 성과만 낸다면 어디에서 뭘 하든 크게 상관하지 않았는데 말이다. 사람들이 데이터센터는 본사와 굉장히 다르다는 말을 많이 했는데 그게 정말이었다. 아마 그들에게는 내가 본사에서 곱게 자라 세상 물정 모르는 속 빈 강정처럼 보였을 것이다.

　다른 사람들이 나를 이렇게 보는 것 같다는 생각 자체도 감당하기 어려웠지만 이전까지 전혀 문제가 안 됐던 착석 여부가 문제화되는 것도 굉장한 스트레스였다. 일 자체도 소모적이라 도저히 정을 붙이기 어려웠다. 데이터센터에서 일하면서 내가 사수와 의논했던 것은 비밀번호가 들어 있는 봉투를 누가 풀로 봉인할 것인지, 서버에 꽂혀 있는 USB 자리 바꾸는 이유를 뭐라고 적을 것인지 등이었다.

업무 시간과 개인 시간 모두 기술 공부에 할애했지만 내가 원하는 실무적인 경험은 할 수 없었다. 이곳에서는 전문성을 갖추고 싶다는 열망이 충족되지 않을 거라는 확신이 점점 더 뚜렷해졌다. 이 회사가 나를 성장하게 해준다는 생각이 들지 않으니 출근하는 것도 싫었다. 퇴사를 해야겠다는 진지한 고민도 시작됐다.

결국 나는 매니저들에게 닥치는 대로 새로운 프로젝트에 넣어달라고 떼를 썼다. 당신들이 생각하는 직원으로서의 내 가능성과 기대치는 이게 최선이냐, 이렇게 해서 나를 최대한으로 뽑아 먹을 수 있겠냐, 나는 당신들이 그리는 원대한 그림에 도움이 될 수 있는데 이 환경이라면 그렇게 할 수 없다….

이런 얘기를 하고 다녔더니 매니저 한 명이 어떤 개발

프로젝트에 나를 넣어줬다. 여러모로 중요한 프로젝트였지만 비용 제한이 있어 지금 있는 직원으로만 프로젝트를 해야 하는 상황이었고, 개발자가 아예 없는 우리 부서의 특성상 이 프로젝트에 들어가는 사람은 그게 누구든 지금까지 하지 않았던 새로운 걸 해야 했다. 회사 입장에서 나를 투입하는 건 모험이었지만 그들에게는 새로운 걸 배워서 빠르게 결과를 낼 사람이 필요했다. 그리고 그게 바로 나였다.

이 프로젝트는 인프라보다는 프로그래밍을 배워야겠다는 내 어렴풋한 계획과도 맞아들었다. 나는 여기에 내 에너지와 시간을 올인했다. 일주일에 이틀을 강남에 갔다 왔다. 오후 6시에 송도에서 출발하면 저녁 8시에 강남에 도착했다. 밤 11시까지 프로그래밍 수업을 듣고 자정을 넘겨 집에 들어왔다. 주말 중 하루는 아침 10시부터 오후 5시까지 수업을 들었고, 나머지 하루는 그 주에 배운 것을 복습하며 지냈다.

그렇게 6개월 정도를 준비해 들어갔지만 이 프로젝트도 내 기대를 채워줄 수는 없었다. 개발 경험이 별로 없는 사람들끼리 개발을 하다 보니 기존 시스템을 유지하는 선에서 신규 기능을 개발하는 것밖에 할 수 없었기 때문이다. 조금 더 힙한 기술을 써보고 싶었던 나는 팀원들과 계속 부딪혔다. 개발을 잘 모르는데 열정만 넘치는 내가, 나보다는 개발을 잘 아는데 열정이 없는 윗사람과 싸우니 계속 졌다. 계속 싸웠다. 그리고 계속 졌다. 회사가 지겨워졌다.

그렇게 나는 다시 눈물을 한 바가지나 쏟으며 이직 면접들을 보게 됐다.

눈물아,
제발 나대지 좀 마

앞에서 이야기했지만 나는 첫 면접에서 울어버렸다. 그 뒤에도 그런 일은 또 있었다. 내 인생에는 면접이 몇 번 없었는데, 그중 합격한 두 곳은 면접을 보다 울어버렸다는 공통점이 있다. 내 인생에 끊임없이 회자되는 이야기라 이번을 마지막으로, 차라리 내 입으로, 남들이 반면교사 할 수 있게라도 만들어야겠다는 마음으로 쓴다.

첫 회사 면접을 보기 위해 나는 정말 열심히 준비했다.

공대생들과 경쟁해야 한다는 생각에 그 회사와 관련된 기사는 물론 홈페이지 내용까지 구구절절 다 외우는 등 할 수 있는 최선을 다해 준비했다. 얼마나 열심히 준비했냐면 천안에 있는 단국대 도서관까지 갈 정도였다. 그 회사 적성 시험을 위해 출간된 1990년대 책이 서울에 있는 도서관에서는 단 한 권도 대출을 할 수 없었기 때문이다.

결국 최종 면접까지 갔다. 최종 면접은 두 개였다. 1단계는 고객의 문제 상황을 주고 이때 회사 입장에서 어떤 제안을 하겠냐는 것이었고 2단계는 인성 면접이었다. 이 두 면접은 같은 날 같은 곳에서 쭉 이어져서 진행됐다. 1단계 면접은 잘 본 것 같았다. 면접관들의 질문에 막힘없이 대답했고 그들의 반응 역시 좋았다. 그간 열심히 조바심 내며 준비한 모든 것이 보상을 받는 기분이었다. 이제는 내가 정말 원하는 것을 얻기까지 딱 한 걸음만 남았다는 생각이 들었다.

1단계가 잘 마무리되고 2단계 면접으로 넘어갔는데 면접관 중 한 사람이 공부하느라 힘들지는 않았냐고, 잘해서 물어보는 거라는 격려를 해주더니 내게 회사에 지원한 이유를 물어봤다. 그 질문에 답을 하려는데 난데없이 눈물이 튀어나왔다. 돌이켜보면 그때는 너무 간절했던 것 같다. 넘지 못할 것만 같은 산들을 넘어 그 자리까지 갔고, 어려웠던 기술 면접도 넘겼었다. 정말 이제는 고지가 너무 가까이 와 있었다. 조금만 더 버티면 여기에 올 수 있다는 어떤 긴박함, 내가 정말 해냈다는 그 벅참을 감당하기 어려웠던 것 같다.

두 번째 회사 이직 면접에서도 나는 울어버렸다(친구들은 이쯤 되면 눈물이 합격 전략이라고 봐야 한다며 놀렸다). 이번에는 상황이 비슷하면서도 조금 달랐다. 이직하려던 회사의 면접은 워낙 어렵고 여러 번 보기로 유명한 곳이었다. 내가 운 건 마지막 기술 면접 때였다.

당시 면접관은 나의 기술적인 허점과 미숙한 부분들을 전혀 들어본 적 없는 잔인한 표현들로 짚어냈다. 그의 얘기를 들으니 정신이 혼미해졌다. 마침내 면접관 입에서 더 물어볼 게 없다는 말이 나왔다. 정말 너무 아쉬웠다. 어떻게든 이 기회를 잡고 싶었다. 나는 여기에 꼭 오고 싶었고 전 회사로 절대 돌아가고 싶지 않았다. 정말 간절했다. 피터지게 열심히 살았는데 내가 여기에서 보여줄 수 있는 게 더는 없는 것 같아 애가 달았다. 나는 지푸라기라도 잡는 심정으로 면접관에게 열심히 질문을 했다. 실제로 궁금했던 것, 솔직히 궁금하지는 않았는데 그냥 한 질문이 뒤섞여 있었다.

질문을 하면 할수록 상황이 더 안 좋아지는 것 같았다. 내 질문에 대한 그의 답변에는, 너는 기술적으로 부족한 게 맞아, 그건 네가 회사 일을 열심히 하지 않았기 때문이야, 라는 생각이 담겨 있는 것 같았다. 그러다 갑자기 모든 힘을 탁 풀리게 하는 한마디가 들렸다. "저는 그게 지원님 잘못이라고 생각하지 않아요. 좋은 사수를 만날 수 있는 환경에 있지 못하셨던 것 같아요." 그러고 난 뒤 그는 다음 면접에 대해 알려줬다.

자리를 옮겨서까지 질문을 던질 때는 정말로 많은 생각이 스쳤다. 나 진짜 열심히 살았는데, 송도에서 강남까지 퇴근하고 왔다 갔다 하면서 공부했는데, 주말에 놀아본 게 언제인지 기억도 안 나는데, 이 이상 열심히 할 수 있을 수가 없는데…. 하지만 어차피 떨어진 것 같았다. 그러면 나는 다시 이전 회사, 이전 팀에 돌아가 일해야 했다. 정말 스스로가 끔찍하게 느껴져서 견딜 수가 없었다.

그런 와중에 태어나서 처음 본 사람이 "당신 잘못이 아니에요"라고 말해주니 눈물이 쏟아져나왔다. 다니던 회사에서는 이해받지 못한 채 쌓여가기만 하던 억울한 마음, 그간 열심히 살았던 기억 등이 모두 눈물로 나온 것 같았다. 필사적으로 울지 않으려 애썼지만 내 의지와는 아랑곳없이 눈물이 뚝뚝 떨어졌다. 그와 헤어질 때는 고개도 못 들 정도였다(그 면접관은 지금 내 매니저가 됐고 내가 운 얘기를 하도 재미있게 하고 다녀서 그때마다 쥐구멍에라도 숨고 싶어진다).

이런 얘기를 하면서도 편집자님한테 눈물이 없는 편이라고 했더니, 눈물이 없는 사람들은 그런 상황에서 울지 않는다는 현명한 대답을 받아버렸다. 생각해보면 면접 때만 운 건 아니라서 정말 변명할 여지도 없다. 이쯤 되면 눈물이 많은 사람이라고 인정해야 하는 것 같다.

사회생활을 하다 보면 울게 되는 일이 정말 많다. 버티고 버텼지만 어느 순간이 되면 갑자기 참기 어려워지는 때가 찾아온다. 내가 울었던 화장실들이 주마등처럼 스쳐간다. 고급스러웠던 여의도, 화장실 문을 열고 나오면 노을이 보여서 더 슬펐던 송도, 너무나 사무적이라 잠깐 울 때마저도 감옥 같았던 역삼…. 하지만 눈물은 꼭 화장실에 모두 두고 나와야 한다. 사무실에는 절대 들고 오면 안 된다.

언젠가 안부를 묻던 누군가에게 "너무 힘들어서 울고 싶어요"라고 나름의 넉살을 떨며 얘기한 적이 있다. 그러자 그는 "괜찮아, 여자애들은 꼭 한 번씩 울더라"라는 말을 했다. 애초에 눈물이 많게 태어나서 조금 억울하긴 했지만 이 말을 듣고 나니 절대 울지 말아야겠다고 생각했다.

눈물샘이 마음대로 조절되는 건 아니라 아직 면접 같은 데서도 울었지만 참다 보면 또 참아지기는 한다. 한번은 한 미팅에서 발표를 한 적이 있는데 부정적인 피드백을 비난조로 오랫동안 얘기한 사람이 있었다. 좀 충격적이었지만 눈물을 흘리지는 않았다. 필사적으로 참았기 때문이다. 그 사람 뒤에는 내 편을 들어주는 사람이 있다고 생각하며 정말 꾹 참으려 했다.

내가 한 거라곤 회사에 다닌 것뿐인데 이렇게 여러 가지 척도로 성장 중이다. 눈물 많은 사람들이여, 끝없는 연습만이 살 길이다.

엔지니어가 되기 위해

—————————————————————— 했던 일들

전문성을 갖고 싶어 미칠 것 같던 내가 생각한 선택지는 세
개였다. 내 친구들처럼 로스쿨에 가는 것, 이왕 들어온 IT
업계에서 새로운 일을 해보는 것, 퇴사를 하는 것. 로스쿨은
문제 하나에 목숨 걸었던 외고 입시와 수능의 괴로운 기억
들이 살아나 포기했고, 퇴사는 그냥 무서웠다. 크지 않은 돈
이긴 해도 월급이 들어오지 않는다는 것은 끔찍했다. 결국
내가 선택한 건 직무 전환이었다.

　내 입사 동기들도 엔지니어를 하는데 나라고 못할 게

뭘까 싶었다. 그래서 매니저에게 부서를 바꾸고 싶다고 이야기했던 것이다. 딱 원하던 자리는 아니었지만 이미 절치부심한 상태였고 무엇이든 해낼 수 있다는 공격력이 머리끝까지 차 있었다. 그때 내게 엔지니어가 된다는 선택은 로스쿨 대신이었으므로 나는 스스로를 로스쿨 학생들과 비교했다. 그들에 비할 바는 안 되겠지만 그들만큼 시간과 에너지를 투자했다. 그 결과 문과생이지만 IT 업계에서 테크 포지션(엔지니어들과 기술을 간접적으로 다루는 사람들을 함께 지칭하는 말)으로 일할 수 있었다.

지금까지 어떻게 직무 전환을 했냐는 질문을 정말 많이 받았다. 그때마다 구구절절 말할 수가 없어 먹고살려니 별수 없었다고 멋쩍게 대답하고 말아버렸는데, '어떻게'가 정말로 궁금한 사람을 위해 내가 뭘, 어떻게, 얼마나 공부했는지 상세히 적어봤다.

엔지니어가 되기 전: 2015년 7월 ~ 2017년 6월

나는 문과생이었고 이 업계 자체가 너무 새로웠기 때문에 직무를 전환하기 전에도 공부를 꽤 하고 있었다. 평일

3일은 퇴근 후에도 두세 시간 정도 공부를 했다. 그때 내 목표는 엔지니어들과 대화가 가능한 수준이 되는 거였다. 그래서 뭔가 직접 많이 해보기보다는 관련 기술 서적과 자격증 위주로 공부했다.

내가 있었던 팀은 IT 인프라 부서라 개발자로 시작하는 사람들과는 조금 다른 관점에서 공부를 시작했다. 공채 선배들과 팀 선배들이 책을 많이 추천해줬는데, 그중 내가 처음으로 공부한 책은 사노 유타카가 쓴 《인프라 엔지니어의 교과서》(김성훈 옮김, 길벗, 2014)였다. 이 책을 읽으며 아주 대략적으로 인프라 업무는 이런 거구나, 라는 걸 알 수 있었다.

한 단계 더 깊이 들어가기 위해 다양한 환경에서 일하는 저자들이 쓴 《그림으로 공부하는 IT 인프라 구조》(김완섭 옮김, 제이펍, 2015)라는 책을 봤다. 개발자들도 많이 보는, IT 인프라 교과서라고 할 수 있는 책이었다. 나는 손으로 쓰면서 공부를 하는 편이라 이 책들을 공부하기 위해 엄청나게 커다란 바인더를 하나 샀다. 바인더에 책 내용을 정리하면서 나만의 공부를 해나갔다. 전형적인 학부 공부 방식이었지만 내게는 유효한 전략이었다.

이후 나는 IT 운영팀이 되었으므로 IT 시스템 운영 체계에 대한 지식이 필요했다. 그래서 ITIL Information Technology Infrastructure Library이라는 교육과정을 지원받아 공부했다. 이때 는 IT 서비스 운영을 위해 어떤 프로세스가 필요한지, 전체 라이프사이클은 어떻게 되는지를 배웠다.

그래도 전체 그림을 알기는 어려워서 컴퓨터공학 전공 자들이 졸업 조건으로 따곤 한다는 정보처리기사 자격증 공 부를 했다. 내가 이미 공부했던 인프라에 대한 내용도 나오 지만, 데이터베이스나 애플리케이션에 대한 내용도 나왔기 때문에 꽤 어려웠다. 그래서 두세 달 정도 공부를 한 뒤 시 험을 봤고 합격했다.

그 뒤로는 생활코딩과 코드카데미codecademy를 시작했다 (셀프 서비스로 공부할 수 있는 소스가 많다는 걸 인지할 수 있을 만 큼 성장한 것이다). 기본적인 웹 서비스의 구조, 인프라의 필요 성, 실생활에서 애플리케이션이 작동하려면 필요한 것, 프 로그램의 정의, 아주 기초적인 프로그램을 만드는 법 등을 배울 수 있었다.

이렇게 각 잡고 별도로 공부를 하긴 했지만 업무에서 접하게 되는 기술 용어와 서비스 구조 등도 잘 모르던 때였 다. 그래서 하루 업무를 마무리하기 전에 30분 정도 모르는 용어 등을 정리하는 시간을 가졌다. 열심히 찾아봤는데도 모를 경우 동료들에게 물어보기도 했다.

몰입 기간: 2017년 7월 ∼ 2019년 7월

데이터센터에 들어가고 나서는 (조금 과장해서) 거의 모든 시간을 공부하는 데 썼다. 사고가 없으면 엄청 바쁜 업무가 아니라 가능했던 것 같다. 다만 시간을 효율적으로 쓰는 게 조금 어려운 구조였다. 아침 8시 40분에 출근해 오후 6시까지는 무조건 자리에 있어야 해서 집중하기 좋은 시간을 선택해서 일할 수 없었다. 또 아침 일찍 뭔가 해본 경험이 거의 없어서 아침에 집중하는 건 어렵게 느껴졌다. 그래서 아침에 한 시간은 지디넷 등에서 산업 기사들을 보며 모르는 단어들을 정리했고, 남는 오전 시간에는 코드카데미에 있는 커리큘럼을 마치려 했다. 다 마친 뒤에는 프로그래머스programmers에 들어가서 아주 기본적인 알고리즘 문제들을 풀었다. 오후에 시간이 남을 때는 고객사의 아키텍처 문서들을 보면서 거대한 시스템을 이해해보려 했다.

이 시기에도 자격증을 많이 땄다. 뭘 어떻게 공부해야

하는지 잘 몰랐고 실무 경험을 쌓을 기회도 많지 않아서였다. 자격증을 따는 건 내게 익숙한 것이었고 그래서 이거라도 하자는 심정으로 열심히 공부했다. 딸 수 있는 거의 모든 자격증을 이때 다 땄던 것 같다. 나는 MTA: Windows Server Administration Fundamentals(Certified 2017), 리눅스마스터 1급(실기 탈락), IBM Certified Solution Advisor - Cloud Computing Architecture V5, RHCSARed Hat Certified System Administrator, RHCERed Hat Certified Engineer, AWS Certified Solutions Architect - Associate 같은 것들을 땄다.

자격증 딸 때 공부했던 것들을 당연히 지금 다 아는 건 아니다. 하지만 이때는 내 결심에 비해 기술적인 전문성이 쌓이지 않는다는 불안감이 폭발했을 때라 자격증이라도 따야 할 것 같았다. 그래서 미친 듯이 공부했다. 자격증을 따는 데 드는 비용은 회사에서 많은 지원을 해줬는데, 공부를 할 때는 사비를 쓰기도 했다.

본격적으로 개발 공부를 한 건 2018년 3월부터였다. 이때부터는 진짜 이 악물고 했다. 데이터센터를 벗어나고 싶다는 이유가 가장 컸다. 그래서 새로 투입될 개발 프로젝트를 정말 잘하고 싶었다. 강남으로 학원을 다녔다고 했는데 패스트캠퍼스에서 저녁 7시 30분부터 10시 30분까지 수업을 들었다. 당시 프로젝트 매니저가 'Node.js'를 쓸 거라고 해서 자바스크립트 수업을 들었다.

송도에서 7시 30분까지 강남에 가려면 퇴근하자마자 거의 뛰어서 가야 했다. 끼니는 대충 때웠다. 평일에 며칠은 그렇게 보내고 토요일에는 오전 10시부터 오후 5시까지 패스트캠퍼스 다른 지점에서 타입스크립트 수업을 들었다. 남은 주말 시간은 배운 내용을 복습하고 과제를 하는 데 썼다. 그런데 프로젝트 기술 스택tech stack이 조금 달라져서 스프링 부트를 배우려 또 패스트캠퍼스에 다녀야 했다. 이때 도커Docker 코스도 들었다. 학원을 안 다닐 때는 온라인 강의 플랫폼 인프런Inflearn에서 백기선님 강의를 종류별로 다 듣고, 배운 내용을 실제 토이 프로젝트를 구현해보는 데 썼다. 정말 내 모든 에너지를 개발하기 위해 썼던 것 같다.

이때는 친구도 많이 만나지 않고 내 안으로 침잠하던 시기였다. 어느 날은 여느 때처럼 학원을 갔다 밤 12시가 다 되어 집으로 돌아가는데 눈물이 흘렀다. 송도의 바닷바람은 너무 차가워서 눈이 시렸다. 안 그래도 몸이 힘들었는데 눈이 시리니 더 눈물이 났다. 사실 눈물이 난 가장 큰 이유는 이렇게까지 노력하는데 앞으로 가고 있다는 느낌이 들지 않아서였던 것 같다.

개발자들도 상황에 맞게 새로운 언어와 도구 들을 배워 개발을 하지만 아예 처음부터 시작하는 사람은 원리와 프로그래밍이라는 것 자체에 익숙해지기까지 어딘가에 정착해야만 한다. 나는 특별히 할 수 있는 것이 없는 상태에서 프로젝트에 투입돼야 했고 여기에 내 기술 스택을 맞춰야 해서 공부의 방향을 정하지도 못했다. 그래서 더 어려웠다.

나처럼 처음 시작하는 사람들은 가려는 방향을 최대한 많이 탐색해본 다음 공부를 시작하는 게 좋다. 나는 프론트엔드 개발자, 백엔드 개발자, 데이터 엔지니어 등 엔지니어 직군에 대한 전체적인 그림 없이 다짜고짜 공부를 시작해 시행착오가 많았다. 만약 개발자가 되고 싶다면 먼저 이 세 가지 직군을 검색해본 다음 나오는 글들을 다 읽고 관련 유튜브 영상도 본 뒤 관심 있는 분야를 정해야 한다. 어느 정도 관심 가는 분야를 알았다면 자바스크립트, 파이썬, 자바 등 언어를 선택한 다음 해당 분야의 생활코딩을 들어보며 자신의 관심을 검증해보는 게 좋다. 어디로 가야 할지를 알아야 나아갈 수 있다.

2019년 8월 ~ 현재

　지금은 공부의 양상이 많이 달라졌다. 예전에는 어떤 프로그램을 만드는 방법 혹은 어떤 서버를 구축하는 방법처럼 '실행'에 집중해 공부했다면 지금은 훨씬 더 넓은 분야의 기술을 사업적으로 바라볼 수 있어야 한다. 예전에는 요건을 구현하는 엔지니어였지만 지금은 AWS의 기술로 고객의 사업을 어떻게 진행할 것인지 얘기할 수 있어야 하기 때문이다. 예를 들어 전에는 운영체제 내에서 리눅스, 유닉스, 윈도우를 쓸 것을 생각하고 공부했다면 지금은 IoT, 데이터 분석, 머신러닝, 웹 애플리케이션처럼 전혀 다른 성격의 기술들을 다채롭게 활용하는 법을 터득해야 한다. 물론 각 분야 안에서도 일정 수준의 전문적인 지식을 갖춰야 한다.

　고맙게도 지금 회사에서 트레이닝 기간 1년을 줬고 나는 클라우드 시장에서 만날 수 있는 여러 시나리오를 기반으로 한 모의 고객 미팅, 데모 만들기 등 각각에 대한 과제를 하며 풀타임으로 공부할 수 있었다. 물론 각 주제에 대한 강의 영상을 정말 많이 봤고 여러 문서들을 종합해 학부 때처럼 단권화하는 방식으로도 공부했다. 필요한 정보가 어느 정도 수집됐다고 판단되면 내가 설명할 수 있게끔 스토리라인을 짰다. 그러면 정보가 비어 있는 곳을 알게 되면서 스스로 채워넣을 수 있었다. 이때는 다른 전문가들과 이야기하는 것도 큰 도움이 됐다. 이 기간이 지난 후에는 실제 고객 미팅을 준비하면서 공부를 많이 했다.

이전과 달리 '쓰임'에 대한 이야기를 많이 하기 때문에 업무 방향이 조금 달라지기는 했다. '어떻게'에 대한 부분도 공부하되 산업 관련 기사들을 보며 고객들이 하려는 사업의 맥락도 채워야 한다. 내가 가진 바가지의 크기는 같은데 담아야 하는 물의 양이 늘어난 상황이라 내 욕심만큼 속도가 안 난다고 느끼기도 한다. 하지만 3개월 전, 6개월 전에는 전혀 몰랐던 것들을 지금은 알고 있다. 깊이 알아가는 것도 재미있지만 기술을 이용해 할 수 있는 일들의 너비를 넓혀가는 것 역시 엔지니어로서 재미있는 일인 것 같다.

지금까지 굉장히 많은 걸 감내하며 어렵고 힘든 시간을 보냈다. 그 시간들이 내겐 굉장히 혼란스러웠고 스스로가 너무 바보 같아 괴롭기도 했다. 미래를 위해 얼마나 많은 현재를 포기해야 하는 걸까 되묻기도 했다. 나는 스스로에게 답을 주지 못하면서도 그냥 버텼다. 가슴 아프도록 치열한 나날들이었지만 버티는 건 정답이었다. 몰입 없이는 변신도 없다. 여전히 많이 부족해 계속해서 공부하는 중이지만, 과거의 내가 버텨주지 않았다면 지금 재미있다고 생각하는 일들을 전혀 하지 못했을 거다.

IT 업계에 도전하는 문과생이 정말 많아졌다. 내게 조언을 구하는 사람도 많아졌다. 장황하게 적었지만 결국 비법은 하나밖에 없다. 몰입하는 시간을 두려워하지 않는 것, 몰입하기까지 잔머리 굴리는 데 시간을 흘려보내지 않는 것, 일단 해보는 것.

문과생의

─────────────────────── 전환의 기술

내 커리어는 전환의 연속이었다. 첫 회사에서 직무를 두 번 바꿨고 두 번째 회사로 이직하며 세 번째 직무를 경험했다. 지금은 또 전혀 다른 네 번째 직무를 시작했다. 모든 직무가 처음이니 매 순간 눈물 나는 노력이 필요했다. 가끔씩 '내가 어쩌다 이걸 하고 있지? 왜 이걸 하고 있지?' 같은 생각이 들면 절반은 혼란스럽고 절반은 자랑스러웠다.

　직무를 계속해서 바꾸며 의문도 많았다. '다른 엔지니어들과 달리 나는 쉬는 시간에도 코딩 공부를 하고 싶지는 않은데?' '다른 사람들은 깊이 파고들어 끝장을 보는데 나는 아닌 것 같아.' 내가 정말 이 직무에 맞는 사람인지, 앞으로도 잘할 수 있을지 계속해서 의심했다. 직무를 전환할 때마다 스스로의 의구심에 답하다 보니 내가 사회과학도로서 쌓아왔던 삶의 태도가 경쟁력이 되며 계속 나아가는 힘이 돼줬다는 것을 깨달았다. IT 업계에 진입하고 싶은 비전공자들에게 참고가 되면 좋겠다.

새로운 것을 빠르게 배우는 능력

유일하게 변하지 않는 것은 모든 것이 변한다는 사실 그 자체다. 이제 정말 진부한 말이 돼버렸지만 IT 업계는 더더욱 그렇다. 개발자 대우가 좋은 회사의 채용 공고를 보면, 거의 항상 "새로운 기술과 환경을 즐기며…"라는 말이 들어가 있다(원티드에서 공고 몇 개만 눌러봐도 알 수 있다). 새로운 기술을 배우는 것은 IT 업계의 숙명이고, 이를 두려워하지 않는 것이 모든 직무 제1의 적성이다. 새로운 뭔가를 접하고, 배우고, 그것을 잘하게 되는 '배움'의 사이클 자체에 자신이 있다면 겁낼 필요 없다.

그렇다면 새로운 것을 빠르게 배운다는, 추상적이라 의미를 전혀 모르겠는 이 능력은 뭘 뜻할까? 내 경우에는 받아들이는 정보를 조직화해서 나만의 방식으로 재구성하는 일이었다. 이건 정치외교학 전공에서 배웠다. 달리 말하면 전혀 상관이 없어 보이는 전공 공부를 열심히 한 것이 크게 도움이 됐다. 정치외교학은 보통 이론의 탄생 배경, 실제 논증 내용, 의의, 한계, 이후 논의의 흐름 등의 순서로 이론을 학습한다. 그러고 난 뒤 이론에 입각해 실제 현상을 분석한다. 마르크스의 공산주의 개념을 배웠다면 이 이론의 관점으로 중국과 러시아의 공산주의를 분석해보는 식이다.

이런 일련의 과정을 거치며 나는 '배움'이라는 능력 자체를 길렀다. 나무의 줄기를 짚고 나서 가지를 보고 가지에 달린 잎들을 그리는 흐름 자체를 천천히 익힌 것이다. 긴 시간 동안 읽는 전공서, 긴 글로 풀어내야 하는 시험 등은 문과생들이 대학생활 내내 터득하게 되는 소중한 기술이다. 이 능력은 회사에 있는 그 누구도 훈련시켜줄 수 없다.

나는 고객을 만나 그들의 문제를 클라우드 기술로 해결할 수 있게 돕는 일을 주로 한다. 고객들은 문제의 한가운데에 있기 때문에 상황을 정의하고 문제를 해결해나가는 걸 어려워한다. 내가 그 문제를 해결하려면 짧은 시간 안에 고객사의 사업, IT 현황, 현재 기술 수준, 현 시점의 기술 공백 등을 찾아낼 수 있어야 한다. 이런 걸 바탕으로 가능한 해결책이 뭔지, 이 해결책으로 풀 수 있는 것과 없는 것은 무엇인지, 그다음 단계로 뭘 해야 하는지 정의해줘야 한다.

한번은 엄청난 규모의 요청을 한꺼번에 보내 IT 시스템을 마비시키는 디도스(DDoS, Distributed Denial of Service) 공격을 받아 도움을 요청한 고객이 있었다. 이 상황을 해결하려면 디도스라는 것이 뭔지, 고객사가 받은 공격이 디도스에 해당하는지, 그들의 사업 성격을 토대로 생각해봤을 때 어떤 해결책이 있을지, 근본적으로 이 문제를 해결하려면 어떻게 해야 하는지, 장기적으로는 무엇을 고려해야 하는지 등을 분석해서 가야 했다.

실무에서는 새로운 기술을 배운 뒤 실무에 적용해보고 이로부터 또다시 배우는 일이 연쇄해서 일어난다. 학교에서 체득했던 학습법 덕에 끊임없이 일어나는 일들을 빠르게 처리할 수 있었던 같다. 훈련받는지도 몰랐던 문과생으로서의 시간이 내가 필요한 순간에 필요한 만큼 앞으로 나아갈 수 있게 했던 것이다.

다양한 관점에서 일과 나를 바라보는 능력

정치외교학을 배우며 가장 많이 했던 건 분석의 층위를 오고 가는 것이었다. 예를 들면, 한 현상을 분석할 때 (아주 대략적으로) 개인의 관점, 지역사회의 관점, 국가의 관점, 국제적 관점(미국 포함 동아시아 등)을 자유롭게 넘나들어야 했다. 그러니까 해결해야 하는 문제를 볼 때마다 관련된 이해관계자들을 줄 세운 뒤 큰 그림을 그리는 것에서부터 출발했던 것이다. 큰 그림 그리기는 나의 큰 강점이 돼줬다. 개발을 하든 인프라를 만지든 언제나 머릿속에 큰 그림을 갖고 있어야 하기 때문이다.

이 능력이 기술적으로 강점이 되려면 어느 정도 시간이 필요하다. IT 문제를 해결할 때 (장애가 아니라 개발 과제 등등) 이해관계자로서 등장하는 게 무엇인지 알게 되기까지는 꽤 시간이 걸려서다. 예를 들어 어떤 회사 공채 사이트에서 소위 말하는 서버가 터지는 현상이 발생했다고 하자. 이 문제를 해결하려면 각 단계별로 존재하는 건 뭔지, 그것들이 어떻게 상호작용하는지를 알아야 한다. 나아가서는 단순히 기술적으로만 해결하는 게 아니라 조직적으로 이 문제를 어떻게 풀어나갈 것인지, 기술로 해결할 부분은 어떤 것인지, 조직 내 운영 정책으로 해결할 수 있는 것은 무엇인지 등을 제 안할 수 있어야 한다. 큰 그림을 파악하는 것 자체에서 시간 이 좀 걸리겠지만 이 단계를 지나면 훨씬 더 유려하게 일할 수 있게 된다.

기술적인 부분으로는 시간이 걸리지만 조직적인 관점 에서 보면 이 능력은 바로 발휘될 수 있다. 엔지니어로서의 협업이나 팀 전체를 관장해야 할 때 등이 그렇다. 소프트 스 킬이 필요한 곳에서는 언제나 관점의 스케일 조정이 동반돼 야 한다. 만약 PM product manager 같은 관리 업무를 하게 될 경 우 이 능력이 이무기급의 힘을 줄 것이다.

영어

영어는 잘잘익선이다. 신기술의 공식 문서, 질문과 답 변 내용, 기술 블로그 등은 거의 모두 영어로 쓰여 있다. 양 질의 한글 콘텐츠를 만드는 분도 굉장히 많지만 한 주제를 깊이 있게 파려면 영어 독해를 피할 수 없다.

스피킹도 잘하면 좋겠지만 리딩만큼은 정말 잘해야 한 다. 개발하면서 공식 문서의 가이드를 읽곤 하는데, 단어 하나를 잘못 해석해서 삽질하는 경우가 꽤 생긴다. 어디든 그렇지만 IT 업계는 특히 '아' 다르고 '어' 다른 경우가 정말 많다. 알겠지만 언어에는 정말 왕도가 없다. 그저 되는 대로 읽고 써야 할 뿐이다.

가려는 회사의 성격에 따라 다르겠지만, 나처럼 외국계 IT 회사를 다니는 사람들은 영어를 얼마나 잘하느냐에 따라 기회의 폭이 달라진다. 엔지니어가 아니던 신입사원 시절에 영어를 잘한다는 이유로 당시 굉장히 각광받던 분석 솔루션의 TFTtask force team에 들어가 부사장과 미팅을 하는 등의 귀중한 경험을 할 수 있었다.

꽤 오랫동안 영어로 업무를 하면서 느낀 건 유창할 필요가 전혀 없다는 것이다. 오랫동안 우리 조직의 장은 미국으로 귀화한 러시아인이었는데, 그의 영어는 우리가 말하는 버터 같은 미국 영어가 절대 아니었다. 그런데 그의 말을 이해하지 못하는 사람은 한 명도 없었다. 그는 명확한 어휘를 썼고 분명한 태도로 또박또박 말했다. 짧고 정확한 영어였다. 난 이런 게 외국인이 구사해야 할 영어라고 느꼈다.

리딩이든 짧고 정확한 스피킹이든 역시 왕도는 없다. 계속 영어를 써야만 하는 상황에 스스로를 노출시키고 내 의사를 전달하는 연습을 해야 할 뿐이다. 나는 감을 잃지 않기 위해 일주일에 한 번은 영어로 말해야 하는 회의에 참석하거나 여유가 좀 있을 때는 유료 화상 영어 수업을 듣기도 한다.

일단 시작하는 힘

이건 내가 학교에서 문과생으로 배운 건 아니지만 가장 중요하다고 생각하는 점이다. 앞서 말한 것처럼 서버와 개발 등을 배우는 과정에서 나를 가장 많이 가로막았던 건 '할 수 있을까?'라는 생각이었다. 지금도 종종 이런 생각을 한다. 내 앞에 산적한 과제들을 보면 정말이지 '내가 할 수 있는 게 맞나? 나는 잘 알지도 못하는데?'라는 생각이 나를 덮쳐온다. 이럴 때 필요한 것은 아주 작은 성취다. 합리적인 것처럼 보이는 내 의심을 귀납적으로 반증해야 한다. 그러려면 '일단' 해봐야 한다.

정말 일단 무턱대고 뭐든 해봐야 한다. 아무리 봐도 내 능력으로 해낼 수 없는 것처럼 보이는 업무를 해보겠냐고 물어보면 일단 '오케이' 하고 한번 가봐야 한다. 내가 힘들

때 큰 힘이 돼줬던 책,《일하는 마음》(어크로스, 2018)의 저자 제현주 대표가 이런 말을 한 적이 있다. A, B, C, D, E를 해야 할 때 혹은 A, B는 알겠는데 그 뒤에 뭐가 올지 도저히 감이 안 잡힐 때, 일단 A를 해보는 힘이 반드시 필요하다고. 그럼 그 뒤의 일은 자연히 헤쳐나가게 된다고.

그렇다면 그냥 일단 한번 해보는 힘은 어디에서 올까? 단연 일어나지 않은 일에 대한 불필요한 걱정을 버리는 것이다. 나는 걱정만 하고 있는 나 자신이 너무 지긋지긋하다는 생각도 했다. 아무것도 하지 않고 걱정만 늘어놓는 자신에게 화가 나면 자리를 박차고 일어나게 된다. 일어나서 뭐라도 하면 '생각보다 별거 아닌데?'라는 생각이 따라온다. 그러면 '어, 나 할 수 있잖아?'라는 마음이 든다.

일단 시작하려면 그게 뭐든 일단 해야 한다. 잘못되면 어쩌지, 라는 생각이 들어서 일단 못하고 있겠지만 내 경험상 그 상태가 이미 잘못된 일인 경우가 많았다. 그리고 잘못되면 잘못되는 대로 배우는 게 있고 잘되면 잘되는 대로 배우는 게 있다. 주변 사람들이 어떻게 생각할지, 앞으로 어떻게 될지 전전긍긍한다고 인생에 득 되는 건 단 하나도 없다.

여성이자 이란 출신 최초로 수학계 최고 권위상인 필즈상을 수상한 마리암 미르자하니Maryam Mirzakhani 교수는, "수학을 하면서 중요한 것은 재능이 아니라 '내가 재능 있다'고 느끼는 것이다. 개인 안에 내재된 창조성을 발현해줄 자신감을 갖는 것이 중요하다"고 말했다. 내가 좇아왔던 방향이자, 오랫동안 누군가에게 듣고 싶던 말이었다.

나는 계속해서 내게 재능이 있다는 자신감을 선물로 주면서, '내가 하면 될 거야. 왠지는 몰라'라는 뻔뻔한 태도를 갖고 싶다. '일단 해보기'의 선순환 구조는 나를 반드시 장기 우상향 곡선에 태워줄 것이다. 그러니까 혹시 뭔가에 대해 겁부터 먹고 있다면 그러지 말자. 약간의 시간이 더 필요할 수는 있지만 일단 해본다면 문과생인 우리가 닦아온 기본 능력들은 사회에서 반드시 빛을 발할 것이다.

문과 여자들이여,

———————————————— 두려워 마요

이제는 지방 의대보다 서울대 컴퓨터공학과 입시 성적이 더 높아져버린 시대다. 모두가 개발자를 추앙한다. 개발 천재는 존재하지만 천재만 개발할 수 있는 건 아니다. 프로그래밍은 '생각하는 방식'이다. 소위 말하는 개발 능력 같은 건 연마하면 누구나 할 수 있는 '기술'이다.

그래서 정말 많은 비전공자가 IT 업계의 문을 두드린다. 개발자를 제외한 모든 직업이 인공지능으로 대체될 거라고 생각해서, 이 어려운 시대에 취업할 수 있는 자리는 개발자뿐이라서 등등 어떤 동기든 모두 좋다. 얼마나 잘할 수 있느냐는 개인차겠지만 각자의 자리에서 가능성을 보여주는 것만으로 고무적이다. 그래서 나는 비전공자들의 등장이 매우 반갑다. 여기에 더해 IT 업계만큼 문과생들, 특히 여자들이 더 필요한 분야는 없다는 걸 말하고 싶다.

인공지능, 블록체인, IoT 등에 대해 들어보지 못한 사람이 없을 정도로 IT 산업은 미래를 이끌어갈 선두에 서 있다. IT 기술은 더 빠른 속도로, 더 생각지 못한 방향으로 세상을 이끌어간다. 아마존, 페이스북, 구글 등은 드론 배달, 자동 주문, 무인 주행, 이미지 인식처럼 우리의 하루하루를 새롭게 하는 기술들을 빠른 속도로 제시하고 있다. 최근에 모두를 놀라게 했던 스캐터랩의 인공지능 챗봇 '이루다'는 기술적으로 경탄을 금할 수 없는 수준이었다.

그렇지만 그들이 제시하는 미래에 과연 여성이 포함돼 있을까? 나는 선뜻 그렇다고 대답할 수 없다. 인공지능이 여자 목소리는 간호사로 인식하고 남자 목소리는 의사로 인식하는 일차원적인 문제(성별에 기반한 직업군을 자의적으로 정의하며 여성의 사회적 역할을 한정시키는 문제)는 기본이다. 더 심오한 문제도 많다. 2014년부터 인공지능을 활용한 채용 시스템을 개발해왔던 아마존은 성차별 문제가 불거지자 이를 폐기했다. 한 기사에서는 "리쿠르팅 인공지능이 여성을 좋아하지 않는다"고 표현했는데, 기술적으로는 "여성이 배제되지 않는 로직을 그 누구도 짜지 않았다"고 말할 수 있다. 인공지능 역시 사람이 한 땀 한 땀 만드는 것이기 때문이다.

누군가는 그래서 폐기했으니 된 것 아니냐고 하겠지만 핵심은 그게 아니다. 제도적으로 보완한다 해도, IT 전문가들이 이끄는 기술 자체가 소수자를 배제하고 있다는 사실은 바뀌지 않는다. 2016년 혐오 발언을 쏟아냈던 마이크로소프트의 '테이', 2021년 이루다 사태 등 유사한 사례가 반복해서 등장하고 있다는 것이 그 반증이다.

기술이 선도하는 사회에서 여성이 배제되는 일을 어떻게 막을 수 있을까? 가장 근본적으로는 이 업계 내에 이런 현상에 대해 문제의식을 갖는 사람이 많아져야 한다. 여성의 관점에서 세상을 바라보는 더 많은 여성 엔지니어가 현장에 나와 실력을 키워야 한다. 개발 과정 '안에서' 뛰는 여성주의적 엔지니어가 많아져서 IT가 바꿀 미래에 여성의 생각을 더할 수 있어야 한다. 또 다른 한 가지는 문과적 배경이 있는 사람들의 존재다. 이 세상이 어떤 모습이어야 하는지 다각도로 생각해본 문과생들이 들어와, 기술이 이 사회에 어떤 영향을 끼칠지 상상하고 이해할 수 있는 엔지니어가 많아져야 한다. IT 업계에 '문과' 출신 엔지니어가, '여자' 엔지니어가 절실한 이유다. 머릿수가 많아진다고 해결될 문제는 아니다. 그럼에도 그들이 존재하느냐, 존재하지 않느냐라는 아주 일차원적인 과제부터 선결돼야 하는 것이 이 업계의 현실이다.

현재 업계의 많은 사람이 "채용할 만큼 훌륭한 여자 엔지니어가 많지 않다"는 이야기를 한다. 애초에 이 업계에 진입하는 여자 자체가 굉장히 적다는 데에는 동의한다. 그러면 왜 여자 엔지니어가 적은지, 어떻게 하면 양성할 수 있을지 등을 고민하는 데까지 나아가야 하지만 아쉽게도 그런 기업은 많지 않다.

현재 업계에 여성이 별로 없는 이유는 여성들이 IT를 접할 기회가 별로 없었기 때문이라고 생각한다. 이유는 모르겠지만 컴퓨터나 공학 같은 것들은 늘 남자의 것으로 여겨졌다. 컴퓨터를 고치는 것도, 기술적으로 필요한 뭔가를 만드는 것도 사실은 여성들이 할 수 있는 일이었는데 그 일

자체가 여성 앞에 온 적이 별로 없었던 것이다. 일상생활에서도 그런데 전공으로 선택하기는 더 어려울 수밖에.

여자들은 수학과 공학에 약하다는 말을 들으며 사회화되었다. 왠지 언어와 사람을 더 잘하는 것 같으니 자연스럽게 고등학생 때도 문과로 진입하고 IT와는 전혀 접점이 없는 삶을 살아간다. 사회화 과정에서 IT에 진입할 기회가 상대적으로 적어지고 그 안에서 뭔가 성취할 공간이 보장되지 않으니, 많은 여성에게 IT 및 공학 분야는 그냥 관심 없는 분야, 더 나아가 '나는 범접할 수 없는' 영역이 돼버린다.

이런 사회화 경험은 IT 업계에 들어온 여성에게도 영향을 준다. 내가 이 일을 시작했을 때 사람들은 내게 정말 '대단하다'고 말했다. 마치 나를 올림픽에 출전한 선수처럼 대했다. 거기에 들어간 것만으로도 대단한 일이니 참여 자체에 의의를 두는 느낌이었다. 사람들 앞에서는 멋쩍게 웃었지만 속으로는 두려웠다. 얼떨결에 시작은 했지만 왠지 내가 못할 것 같은 일처럼 느껴졌고, 일을 하다 실제로 뭔가를 못하면 극도로 예민해졌다. '내가 하면 안 될 일인데 시작해버렸어. 다른 사람이었다면 훨씬 더 잘했을 텐데 내가 해서 이 지경이 된 거야. 용기 있게 해보겠다고는 했는데 나 정말 재능이 없나 봐.' 이런 종류의 생각들이 굉장히 빠르게 반복해서 지나가니 열정과 사기와 효율과 정확성이 한꺼번에 떨어졌다. 이러면 될 일도 안 될 수밖에 없다.

일을 하다 보면 못하는 일이 생긴다. 처음 시작하는 사람들이라면 그게 누구든 시행착오를 겪는다. 그때 비전공자 여성들은 훨씬 더 취약하다. 게다가 고객이 "여자 말고 남자 보내라"라는 말이라도 한다면 그냥 그대로 무너질 수밖에 없다. 그런데 남자 동료가 "여자들은 너무 약해. 사무직이 더 어울려"라는 말이라도 한다면? 더러워서 그만두고 마는 상황이 언제 발생해도 이상하지 않은 지경이 된다. 나는 업계에 여자가 별로 없는 게 정말 십분 이해된다. 실제로 취업정보 사이트 인디드Indeed가 미국에서 실시한 설문 결과에 따르면 여성이 테크 산업을 떠날 확률은 남성에 비해 45퍼센트 더 높다고 한다.

힘들고 어렵지만 그래도 나는 더 많은 여자를 IT 업계에 초대하고 싶다. 지난 내 경험으로 봤을 때 이 업계를 권하고 싶은 이유는 두 가지다.

먼저 IT 업계는 장벽이 없진 않지만 원하는 만큼의 성장과 자아 확장이 가능하고 그에 따라 처우를 개선해나갈 수 있다. 성장해야만 살아남을 수 있는 업계이기도 하지만 그만큼 성장해서 보상을 늘려가는 재미가 있다. 그래서 새로운 것을 배우고 시도하는 것을 좋아한다면 그에 적합한 대우까지도 받을 수 있는 최적의 플레이그라운드가 될 거라고 생각한다. 예전에는 새로운 것을 끊임없이 배워야 하는 것 자체가 이 업계의 장점이자 단점으로 꼽히곤 했지만 이제 세상이 변했다. 과거에 머무른 채로 생존할 수 있는 업계는 없다. 그렇다면 '변화에 적응했을 경우 생존 이상의 가치를 돌려받을 수 있는가?'로 질문을 바꿔야 한다. 그런 관점에서 IT 업계는 괜찮은 필드다.

다른 하나는 세상의 변화를 최전방에서 보는 즐거움이 있다는 것이다. 기술의 변화를 끊임없이 관찰하다 보니 뉴스에 나오기도 전에 감지되는 것들이 생겼다. 기술은 계속해서 사회를 이끌고 있고 앞으로는 더욱더 많은 변화를 이끌어낼 것이다. 이런 부분들을 긍정적으로 생각하는 사람이라면 즐겁게 버틸 기초 체력이 있는 거라고 생각한다.

나는 이곳에서 오래 버티고 싶다. 훌륭한 동료들과 함

께 변하는 세상에 대해 이야기하고 싶다. 사회적 편견에 대한 반례로서 묵묵히 서 있을 여자가 더 많아지면 좋겠다. 그러려면 전공자인 여자들로는 부족하다. 입구에 들어가는 것부터 기울어져 있는 상황이니까. 그래서 되도록 문과 여자들이 업계에 더 많아지면 좋겠다. 사실 문과 여자들도 잘할수 있는 일이라는 걸, 이 사회와 더 많은 여자에게 알려야한다.

사회적인 물의를 일으키지 않는 인공지능, 모두의 생을이롭게만 하는 IoT 기술 같은 것들을 만들려면 사회의 다양한 맥락을 이해할 수 있는 사람이 필요하다. 문과 여자들은이미 충분히 갈고닦아온 능력이다. 문과생으로서 여러 텍스트를 읽고 묶어내야 했던 시간들, 한국 여자로서 많은 사람의 입장과 배경을 읽어내야 했던 시간들을 생각해보면 된다. 이 능력을 잘 간수한다면 회사가 재미있는 일을 하는 안전한 곳이 될 수도 있다. 무엇보다 기술의 영향력을 아무도다치지 않는 방향으로 다듬어줄 수 있다.

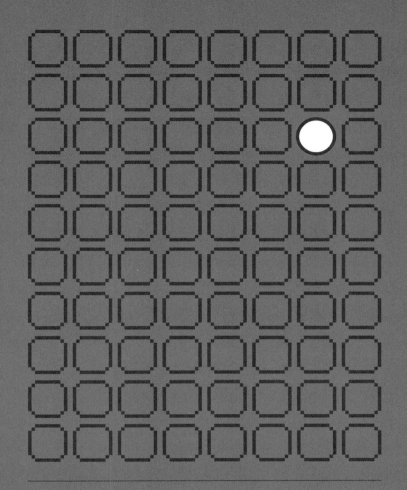

2 일을 사랑하게 된 밀레니얼

여기는

학교가 아니야

신입사원 시절, 내가 가장 많이 들었던 말이 있다. "여기는 학교가 아니야." 그 말을 하면 되게 멋있는 사람이라도 됐다고 생각하는 건지 정말 많은 사람이 이 말을 했다. 어김없이 따라오는 말도 있었다. "그런 말에 상처 받지마, 너도 곧 알게 될 거야."

대체 학교가 아닌 회사에 다닌다는 건 뭐길래 사람들이 이렇게들 얘기하는 걸까? 그때의 나는 회사에 다니는 것이야말로 진정한 사회화가 발생하는 시기임을 전혀 모르고 있었다. 일만 잘하면 되는 줄 알았다. 뭐랄까, 과제와 대외활동 등을 멋지게 해냈던 것처럼 말이다. 업무와 별개로 '직장인'이 된다는, 정말 전혀 다른 제2의 임무가 있는 줄은 몰랐다.

신입사원 때 나는 내 매니저에게 굉장히 의존적이었다. 업무적인 선택을 해야 하는 순간마다 늘 그에게 쪼르르 달려가 어떻게 하면 좋겠냐고 방향을 알려달라고 했다. 그런데 어느 날 그가 "이러든지 저러든지 알아서 해"라면서 결정은 본인 선택이라고 말했다. 그 말이 매정하고 무서워 마음 한구석이 들썩들썩했다. 책임을 져야 하는 사람이 됐다는 것이 왠지 모르게 무서웠다.

이 말을 똑똑히 기억하는 것은 이때 처음으로 내가 회사에서 온전히 혼자라는 사실을 절실히 느꼈기 때문이다. 회사에 존재하는 사람들 모두 다 혼자고 그렇게 몇 년, 몇십 년을 버티면서 사는구나, 나도 다른 사람들처럼 혼자 결정하고 혼자 울고 쓸쓸히 뒤돌아 집에 가면 되는구나, 라는 생각에 외로웠다. 그래서인지 인턴을 거쳐 신입사원이 된 뒤 쓴 일기에는 외롭고 두렵다는 말이 한가득 적혀 있다. 어떤 순간에는 그냥 갑자기 쓸쓸하고 무서워서 눈물이 날 것 같았다.

학교가 아닌 회사는 선택의 가이드라인이라는 게 흐릿하고 그 책임을 온전히 혼자 져야 하는 곳이었다. 여기는 학교가 아니라는 사람들 말에 어딘지 모르게 한기가 서려 있다고 생각했는데, 왜 그런지 그제야 좀 알게 됐다. 회사에서는 각자 온전히 본인 몫의 선택과 책임을 지고 살아갔다. 그걸 인지하지 못한다고 학교에서처럼 누군가 응당 도와주지 않았다.

회사의 생리를 깨닫고 난 뒤에는 회사의 문법과 어법을 익히는 과제가 기다리고 있었다. 내가 했던 많은 실수 중 하나는 불필요하게 솔직한데다가 나댄다는 것이었다. 일을 할 때는 여러 사실들을 골라서 말해야 하고, 누군가의 사전 승인을 얻는 등 일의 순서도 반드시 잘 지켜야 한다. 내뱉으면 안 되는 말을 하거나 일의 순서가 조금이라도 틀리면 '감정적'이라든지 '약았다'든지 하는 얘기를 듣는다.

나는 그런 소리를 자주 들어서 너무 힘들었다. 어떤 말들은 '너 왜 이렇게 멍청하니?'라는 날카로운 칼이기도 했고, 어떤 말들은 '나대지 좀 마'라는 화약이기도 했다. 사람들의 모든 말과 눈빛을 해석해서 가장 적절한 말을 자판기처럼 뱉어야 하는 것에 좀처럼 익숙해지지 않았다.

신입사원 때 있었던 팀은 다른 팀과 협력을 굉장히 많이 해야 했다. 늘 살얼음판 위를 걷는 것 같았지만 내 역할을 잘해내고 싶다는 생각에 나름대로 과거 히스토리를 정리한 뒤 이를 기반으로 다른 팀에 업무를 부탁한 적이 있다. 그런데 그 다른 팀의 부장님이 내가 뭘 잘못했는지 하나하나 짚어서 꽤나 공격적인 말투로 메일을 보냈다. 전화로도 화를 쏟아냈다.

이게 무슨 일인가 싶어 연신 죄송하다는 말을 하고 전화를 끊었는데 천천히 곱씹어보니 내가 들었던 길고 가시돋힌 말은 한마디로 요약할 수 있었다. "네가 뭔데 나대." 지금 생각해봐도 내가 해야 할 일이긴 했지만 다른 팀 책임자의 검토 없이 메일을 쓰고 말하고 다녔던 게 잘못됐던 것 같다.

이렇게 면전에서 눈물 쏙 빠지게 시원하게 혼내주면 차라리 고맙다. 화풀이가 없었다고는 할 수 없지만 그래도 내 업무상 실수를 정확하게 알려줬고 뒤끝은 없었기 때문이다. 나도 늦게나마 후배들을 만나보니 누군가한테 대놓고 그렇게 얘기를 한다는 것은 꽤나 신경쓰고 있지 않으면 할 수 없는 일이라는 걸 알았다. 그래서 그 부장님에게 악감정은 없다. 아직도 무섭기는 하지만.

아무튼 이렇게 크게 혼나면 서투른 나 자신에게 한번 속상해하고, 잘못한 건 고치면 된다고 여기며 툴툴 털고 지나갈 수 있다. 이런 걸로 회사가 싫어지진 않는다.

가장 회사가 싫어졌던 비릿한 순간들은 따로 있다. 언제 한번은 업무상 내 목소리를 많이 내야 하는데 역량 부족으로 그러지 못한 때가 있었다. 스스로에게 수치스러워서 공부를 열심히 했고, 다음 미팅에서는 이렇게 저렇게 해보자고 제안을 했다. 내 나름대로는 원하는 만큼 해낸 것 같아서 뿌듯하기까지 했다.

그날 다시 회사로 돌아가는 차 안에는 함께 미팅에 들어갔던 사람들이 모두 있었는데 그중 몇몇이 내게 당돌하다는 말을 했다. 잘했다는 건지 뭔지 의미는 잘 모르겠지만 그냥 웃으면서 고맙다고 했다. 그런데 그중 한 명이 웃으면서 "좋은 뜻은 아닌 것 같은데?"라고 했다. 나는 또 웃었다. 하지만 그들과 헤어져 집에 오는 길에는 웃을 수 없었다. 사람들의 말을 더는 표면적으로만 이해해서는 안 된다고 느꼈다.

당시 내 안에는 속뜻을 알 수 없어 무슨 의미인지 곱씹

게 되는 말들이 쌓여 있었다. 사람들은 그런 일로 상처받지 말라고 했지만 내 마음에는 계속 상처가 났다. 이런 상황들을 아무런 타격 없이 지나갈 수 있어야 직장인이라면 나는 정말이지 직장인이 될 준비가 되어 있지 않았다.

그날 일기를 쓰며 세상에게 내 등을 떠밀지 말아달라고 빌었다. "날 지켜줘, 날 좋아하는 사람만 만나게 해줘, 보살펴줘…." 괜찮은 척했지만 괜찮지 않았다. 상처받지 않은 척했지만 많은 상처가 쌓여 있었다. 나는 새로운 환경에서 잘 해내고 싶었고 당연히 다른 사람들의 피드백이 궁금했다. 무슨 의미인지 곱씹어야 하는 말이 아닌 사람들의 솔직한 평가를 듣고 싶었다. 그들이 내뱉지 않고 마음속에 담아둔 뜻을 읽어내고 싶었다. 이런 마음은 나를 슬프고 외롭게 만들었다.

회사에서는 상처받을 일이 정말 많았다. 사람들의 말 한마디, 찰나의 표정으로 나는 아주 쉽게 너덜너덜해졌다. 유치하다는 걸 알면서도 어떻게 할 수가 없었다. 내 안에는 어떻게 다뤄야 할지 알 수 없는 우울함과 슬픔과 외로움이 쌓여갔다. 그러다 보니 전처럼 아무렇지 않은 표정으로 웃고 떠들 수가 없었다. 내가 남들 책상에 쌓여 있는 일들 중

하나라는 생각이 들었다. 처치 곤란 상태로 책상 어딘가에 널브러져 있는 존재.

내 어미새 같았던 첫 매니저가 너무 바빠져서 나에게 '예전처럼 잘해줄 수 없다'고 선언한 적이 있다. 결국 논의가 필요한 업무도 나 혼자 처리해야 했다. 방법이 없어서 꾹 참고 혼자 했지만 조만간 사고가 터질 것 같아 불안했다. 그래서 정식으로 미팅을 요청해서(자리에 찾아가지 않고!) 시간을 잡았는데 그가 나타나지 않았다. 그저 바빠서 잊은 거라고 생각하면 됐을 텐데 왠지 모르게 눈물이 나서 또 화장실로 달려갔다. 내가 나 자신일 수 없다는 숨 막힘, 일도 회사도 감당하기 어렵다는 생각에 나는 하루하루 새롭게 상처 받았다. 시간이 지나며 나는 나 자신의 모난 부분, 나라는 사람의 정체성을 결정하는 부분들을 깎아냈다. 이게 사회화인지 몰개성화인지 알 수 없어서 두렵기는 했지만.

당시 내게 상처를 줬다고 생각한 사람들도 지금 돌이켜보면 꽤 이해할 만한 이유가 있었다. 회사에서 있는 그대로의 모습을 마음껏 드러내면서 인정을 받으려 했다니, 몇 년 전의 나는 참 낭만적이었구나, 이런 생각도 든다.

그 시기를 지나는 나를 만난다면 무슨 말을 해줘야 할까? 사람들이 내게 그랬던 것처럼 견뎌내는 수밖에 없다고, 아주 건조한 표정으로 여기는 네가 과거에 있었던 곳들과는 정말 다르다고 이야기해줄 수밖에 없을 것 같다. 시간이 꽤 지나고 나서야 신입사원 때 들었던 사람들의 "여기는 학교가 아니야"라는 말의 의미를 이해하게 됐다.

얼음송곳 같은 그 말에 조금 더 보태고 싶다. 그래도 그간 지켜온 낭만을 완전히 포기하지는 말라고, 조금은 낭만적이어도 좋으니까 지나치지 않을 정도로는 간직해도 된다고, 그런 마음을 회사에서 만나는 소중한 사람들에게만 나눠주라고 말이다. 사회에 적응해내는 것도 필요하지만, 내가 누구인지 지키는 것 역시 중요하니까.

이게

진짜 다라고?

제현주 대표의 《내리막 세상에서 일하는 노마드를 위한 안내서》(어크로스, 2014)에는 이런 말이 나온다. "오늘날 일자리는 의무로서 주어지지 않는다. 애써 쟁취해야 하는 기회다. '일자리 없는 성장'의 시대를 사는 우리는 특별한 행운이 따르지 않는 한, 자신이 일할 자격이 있는 사람임을 증명해야 한다는 압박에 끊임없이 시달린다." 나를 포함한 많은 젊은 이가 이런 압박을 통과해 어떤 사무실의 책상에 앉게 된다.

사실 대학생 때까지는 뭐랄까, 회사원이 되는 건 꿈일

수 없다는 세상의 메시지를 온몸으로 받아왔던 것 같다. 회사원을 생각하면 소설《모모》(한미희 옮김, 비룡소, 1999) 속 회색 인간이 떠올랐다. 대학교 졸업식 때도 회사원이 아닌 '대단한' 사람들이 사회에 좋은 영향을 주는 사람이 되라고 얘기했던 것 같다. 역시 회사원이 되는 것은 시시한 일처럼 느껴졌다.

그런 나도 회사원이 됐다. 시시할 것 같았지만 1년차에는 신나게 회사를 다녔다. 인생의 챕터가 새롭게 시작된다는 느낌에 신이 났던 것이다. 2년차가 됐을 때는 회사에 좀 적응한 것 같았다. 3년차가 됐을 때는 불안했다. 안정적인 생활이 이어졌지만 고작 이런 게 인생의 기쁨일 리 없다는 생각이 들었다. 9시에 출근해서 6시에 퇴근하면 최고라고 생각하는 회사원으로 살고 싶지는 않았는데 그렇게 살고 있으니 불안했다. 이렇게 열심히 살고 일한다고 뭐? 난 뭘 위해 사는 거지? 그런 생각이 들면 또 외롭고 공허했다. 가끔 받는 칭찬과 어쩌다 듣는 따뜻한 말에 힘이 나긴 했지만 정말 고작 이런 게 전부일 리 없다는 생각이 밤마다 나를 습격하기도 했다.

취업이 어려운 세상이었다. 내가 왜, 어떻게, 무슨 일을 해야 하는지 생각해볼 겨를도 없이 취업 시장에 뛰어들었고 합격을 했으니 고민 없이 들어와 또 정신없이 뛰었다. 좀 멈출 수 있는 상황이 되니 돌아가야 하는 건지 앞으로 가야 하는 건지 모르겠다는 생각이 들었다. 산비탈에서 시작해 빠르게 하천을 지나 바다에 가기 위해 달리던 작은 모래알이 삼각주에서 바다를 만나 제 의지와 관계없이 멈춰버린 느낌이었다. 뭘 더 잘해야 할 것 같긴 한데 뭘 잘해야 하는 건지, 얼마나 더 잘해야 하는 건지, 그러려면 뭘 어떻게 해야 하는 건지 잘 몰랐다.

갈수록 오늘 하루 엑셀 붙들고 발표 자료 열심히 만드는 게 이 세상에 무슨 의미가 있을까 되묻는 것을 멈출 수 없었다. 게다가 나는 세상을 더 좋은 곳으로 만들고 싶다는 조용한 열망을 갖고 살던 사람이었다. 내가 최선을 다해 일을 한다고 세상이 좋은 곳으로 바뀔 리는 없었다. 하루 종일 엑셀만 보다 인생이 끝난다고 생각하니 너무나도 불행해졌다.

하지만 어쨌든 내겐 에너지가 있었다. 이 에너지를 세상을 구하는 데 쓰지는 못하더라도 최선을 다하는 방향에 쓰기로 했다. 귀한 에너지를 그저 증발시키기엔 너무 아깝다는 생각이 들었던 것이다. 내가 하는 일이 세상에 큰 변화를 줄 수는 없지만 내가 할 수 있는 일들에 최선을 다하지 않는 것은 멋이 없었다.

미약하겠지만 내 에너지가 적어도 함께 일하는 사람들에게는 영향을 줄 수 있을 것 같았다. 나는 내가 맡은 일의 의미를 파악해보고 파악이 안 되면 스스로 의미를 정의해봤다. 의미가 담긴 일이 사람들에게 어떤 영향을 주는지도 관찰해봤다. 그렇게 생각하니 기존과는 다른 맥락에서 내 일을 바라보고 더 발전할 수 있는 방향을 생각해볼 수도 있었다. 내 세상 안에서 도전을 멈추지 않고 나만의 철학을 쌓아가는 것은 나름의 재미가 있었다. 부끄러워서 동료들에게는 말하지 못했지만 내 일기장에는 나만의 세계가 차곡차곡 쌓여갔다.

선생님, 변호사, 기자 등 특정 직업에는 많은 이야기가 있다. 좋은 선생님이란 무엇인지, 변호사로서 잘하는 게 무엇인지, 기자로서 가져야 할 태도는 무엇인지 등등. 하지만 어떻게 하면 멋진 회사원이 될 수 있을지에 대해서는 마땅한 답을 찾지 못했다. 그래서 갈피를 잡기까지 시간이 좀 걸렸지만 나 스스로 서사를 만들어가다 보니 '회사원은 이게 다야?'라는 생각이 더는 들지 않았다.

출처를 알 수 없는 공허함에 사로잡혀 있다면 자신을 귀하게 여기는 마음으로 자신의 일을 하나하나 돌아봐야 한다. 일의 의미, 그 의미를 담기 위해 스스로 할 수 있는 것을 정의해봐야 알다가도 모를 공허함과 싸울 수 있다.

그래서였을까? 첫 회사에서 보낸 4년을 통틀어 가장 많이 들은 얘기는 "너 참 별나다" "좀 평범해져라" 같은 말이었다. 첫 매니저가 자주 했던 말도 있다. "너는 존재감이 크고 송곳 같은 사람인데 그게 장점일지는 잘 모르겠어." 내게 특별한 재능이 있다거나 내가 아무도 못하는 일을 할 수 있는 사람이라고 생각했다면 괜한 질투라고 여겼을 것 같다. 하지만 나는 그때 매니저를 엄청나게 신뢰하고 있었고 내가 하는 일도 누구나 할 수 있는 일이라고 생각했기 때문에 존재감이 크다는 그의 말을 이해할 수 없었다.

그때 내게 따라다녔던 말들은 대체로 이런 거였다. 사무적으로 말하지 않는다, 질문이 너무 많다, 너무 당돌하다, 너무 많이 웃는다, 시끄럽다, 애처럼 입고 다닌다, 아이디어가 너무 많다… 이런 말들을 들으며 생각했던 것 같다. 회사

울타리 안에서는 스스로 생각했을 때 굉장히 흐릿하고 보잘 것없는 개성마저 가질 수 없는 걸까? 내가 그렇게 티 나는 괴짜인가? 그럼 회사에 맞게 나를 깎아내야 하는 걸까?

지금 생각해보면 그냥 그 조직이 나와 맞지 않는 곳이었지만 그 연차에 이런 걸 알 리가 없었다. 나는 내게서 문제를 찾았고 사람들 눈에 들기 위해 노력했다. 권력의 제일 끄트머리에 있던 나는 다른 사람들의 마음을 사고 싶었다. 선배들은 회사에서 적을 만들면 안 된다고 했고 나 역시 사람들과 날을 세우고 싶지 않았다. 그래봤자 절대적인 내 손해였다. 여성혐오적 발언을 듣거나 사회적으로 잘못된 발언들에도 침묵했다.

그렇게 가만히 있는 시간이 늘어났고 그 시간들은 나를 좀먹었다. 사람들을 가식적으로 대하니 나도 내가 무슨 생각을 가진 사람인지 헷갈릴 지경이었다. '사실 그게 아닌데요, 제 생각은 좀 달라요'라는 마음을 표출하지 못하니 스트레스를 받았다. 내가 지켜온 가치관은 점점 희미해졌다.

나는 계속 목소리를 잃어갔다. 그러다 보니 늘 형체 없는 은은한 공포감을 갖고 있었다. 내 진짜 마음과 생각을 표현하는 순간 비난을 받을 것 같았다. 표현되지 않는 생각은 증발되기만 했고, 남은 건 말할 수 없는 갑갑함과 진심 없는 웃음뿐이었다. 정확하게는 언어를 잃어갔다. 그래서 내 의견을 표현해야 할 때에는 아무 말도 나오지 않았다.

나는 내 모든 이야기를 일기장과 브런치에 쏟았고, 회사에서는 회색 인간처럼 적당히 분위기 맞춰가며 살았다. 그런데도 여전히 "너는 왜 평범하지 않아?"라는 말을 들었다. 정말로 의문이었다. 나는 매년 관리자들이 요구하는 성과를 달성하거나 초과 달성했고, 사람들과 협력해서 일하는 데에 별 지장도 없었다. 근데 왜 자꾸 평범하지 않다고, 좀 평범해지라는 말을 듣는 걸까.

이 의문의 힌트를 얻은 건 다른 팀 매니저와 업무 관련 미팅을 하다였다. 당시 내가 참여하던 프로젝트의 매니저이기도 했던 그는 내게 추가로 요청할 게 있는데 그걸 해줄 수 있냐고 했다. 상황을 들어봤는데 여러 이유로 안 될 것 같아서 나는 이런저런 이유로 말해준 기간까지는 못한다고 얘기했다. 또 이렇게 계속 추가 요청을 하면 업무 효율이 떨어지니 앞으로는 자제를 해달라고도 덧붙였다. 내 말이 끝나자 그가 말했다. "지원은 다 좋은데 자기주장이 너무 강하네."

그 말을 듣는 순간 꽤 혼란스러웠다. 관리자들은 자기 주장이 명확하고 그 주장을 현실화하는 능력 때문에 나를 좋아했고, 이 매니저조차 내게 나만의 특징을 잘 살려서 회사 분위기를 바꿔달라고 얘기한 적도 있었기 때문이다. 장점이라 말했던 것을 콕 집어서 단점이라고 후려치니 이게 무슨 상황인가 싶었다. 그때 알았다. 내 '자기주장'은 그들이 수용할 수 있는 범주를 벗어나는 순간 '고집'과 '싸가지'의 문제로 바뀐다는 것을.

회사는 보편적인 면모를 유지하면서 보편적이지 않은 일을 해내기를 바란다. 난 그 모순적인 메시지를 받으며 오랫동안 혼란스러워했다. 이 사람들이 요구하는 '보편'은 도대체 누가 정한 걸까? 회사는 어쩔 수 없는 상황이 이어지는 곳이고 오래 살아남으려면 보편적이어야 한다니? 나는 보편탈트 붕괴 직전에야 회사의 '보편'에 맞출 필요가 없다는 걸 알게 됐다. 내가 이루고 싶은 것은 회사에서 오래 살아남는 게 아니라 좋아하는 일을 오래하는 거였다. 그러려면 일을 잘하는 것만큼이나 중요한 게 내 삶의 태도를 정의하고 하루하루 실천하며 사는 것이다.

삶은 일과 사람과 업무를 마주할 때 어떻게 대응할 것

인지에 대한 선택의 연속이다. 작은 생각들이 모여 말 한마디가 되고 그 한마디들이 모여 내 행동이 되고, 연속적으로 행동할 때 경험이 된다. 내 존재를 증명하는 경험들은 지금의 내가, 앞으로의 내가 된다. 근거를 갖춘 표현을 멈추지 않는 것, 생산적인 갈등을 두려워하지 않는 것 그리고 이걸 매일매일 작게라도 표현하는 것. 나는 이것들이 내 삶이 되길 원한다. 그래서 나는 스스로 어떤 사람인지 잊을 지경까지 가는 것보다는 차라리 송곳으로 남는 편을 택했다.

여전히 나를 흔드는 말들을 듣는다. 그때마다 뜨거운 물로 샤워를 하며 다시 한번 내 생각을 다잡고, 하루하루 최선을 다하려 한다. 그래야 '이게 진짜 다라고?'라는 의문이 드는 생활 속에서 나만의 세계를 가꿀 수 있다. 그래야 좋아하는 일을 오래할 수 있다. 각자의 자리에서 분투하는 더 많은 송곳을 기대한다.

대체 불가능한 사람이 되고 싶다는

환상

자본주의 사회에서 일반 회사를 다니는 일개 직장인의 하루하루는 생존의 투쟁임과 동시에 자기 의미를 찾는 투쟁이어야 한다. 그렇게 하지 않으면 견디기 어려운 날이 많다. 내가 언제 어떤 식으로 대체될지, 심지어 내 자리를 꿰찰 게 사람일지 기계일지도 모르는 세상이다. 아직 인공지능으로 대체할 수 없는, 수동과 자동을 잇는 그 선 어딘가에 있는 하나의 점, 그게 회사원인 나라는 생각이 들 때가 있다. 그 안에서 나는 다른 무엇으로도 대체될 수 없는 존재가 되기 위해 끝없이 싸운다. 스스로의 존엄을 구하기 위해서.

가끔 회사 생활이 역할놀이 같다는 생각을 한다. 웃는 얼굴로 사무실 분위기를 띄우는 싹싹한 신입사원, 세상 모든 일을 다 해내는 열정 넘치는 대리, "적당히 눈치 좀 보다가 몰래 놀아라"라며 내 등을 두드려주는 과장님, 깐깐한 완벽주의 차장님, 마냥 노는 것 같은 부장님, 세상 근심을 혼자 다 지고 있는 것만 같은 실장님, 그저 근엄하게 자리에 앉아 있는 상무님⋯ 처음에는 이 역할놀이가 즐거웠다. TV에서나 보던 장면과 일들이 나한테 펼쳐지니까 신기했고 게임 퀘스트처럼 주어지는 일들을 잘해냈을 때는 마냥 뿌듯하고 기분이 좋았다.

나는 일을 좋아했다. 아니, 정확히는 일을 잘해냈을 때 듣는 칭찬을 좋아했다. 그런 말들이 대체 무슨 소용이 있나 싶지만, 바닷가에서 기념품으로 주워오는 작고 예쁜 돌처럼 나는 그 예쁜 말들을 수집하는 걸 좋아했다. 5일 뒤면 쓸모 없어지는 것을 알면서도. 그렇게 1년 반 정도 지나니 많은 것이 익숙해졌다. 일도, 칭찬도.

이후 새로운 고민이 시작됐다. 내 20대 후반전을 어떻게 살 것인지, 별일 없이 사는 사무직으로 계속 살 것인지, 지금처럼 적당히, 한 65퍼센트 정도 만족하면서 살 것인지 등이었다. 업무 시간에 몰래 나가 산책을 하고, 인스타그램을 하고, 친구들이랑 카톡을 하고, 퇴근하면 놀러다니고… 이런 일상이 즐겁긴 했지만 어딘가 늘 부족하다고 느꼈다. 시간이 지날수록 뭔가 쌓이는 게 아니라 다 흘러가는 것 같았다. 아무리 생각해도 내가 하고 있는 건 매달 적당히 괜찮은 보고서를 올리고 회사에서 요구하는 행정적인 업무를 처리하는 것밖에는 없는 것 같았다.

그러다 보니 회사에서도, 삶에서도 그다지 가치 없는 일에 내 능력과 소중한 시간을 낭비하고 있다는 생각이 점점 짙어졌다. 아마 내가 얼마든지 대체 가능한 사람이라는 걸 알고 있어서 그랬던 것 같다. 나는 더 가치 있는 일을 하고 싶었다. 그게 뭐냐고 물어보면 대답은 못하겠지만 적어도 지금 내가 하고 있는 일은 아니라고 생각했다. 더 어려운 일, 더 머리를 싸매야 하는 일을 하고 싶었다. 그래서 엔지니어에 도전해보고 싶다는 생각을 했던 것이다. 돌이켜보면 이건 대체 불가능한, 특별한 사람이 되고 싶다는 욕구 때문이었다.

실제로 "대체 불가능하다"는 칭찬을 듣기도 했는데 생각보다 별로 기쁘지 않아서 괜히 속상했던 기억도 난다. 당시 다니던 회사에는 매니저가 팀에서 가장 성과가 좋은 한 명을 뽑아 상을 주는 이벤트가 분기마다 있었다. 언젠가 매니저가 나를 뽑으면서 "넌 정말 대체 불가능한 사람"이라는 엄청난 칭찬을 해줬다. 그 순간에는 너무 기쁘고 뿌듯해서 벅차올랐지만 그런 감정은 빠르게 사그라들었다. 어쩌면 회사에서 받을 수 있는 최고의 찬사일 텐데, 왜 그 말은 기쁘지 않았을까?

　　제현주 대표는 책《내리막 세상에서 일하는 노마드를 위한 안내서》에서 "대체 불가능한 사람이 되려면 등가성을 따지지 않고 내 존재의 의미를 발견해주는 일터에서 일해야 한다"고 썼다. 나는 그런 팀에 있었는데 왜 그랬을까? 회사에는 늘 더 좋은 환경과 더 나은 미래를 위해 나아가려는 젊은 사람들이 있었다. 하지만 어떤 삶을 살아가고 있는지와 관계없이 수많은 사람이 잘려나가기도 했다. 나는 그런 광경을 보면서 '어쨌든 너는 대체 가능한 사람이야. 마음에 안 들면 살 길 찾아 나가'라는 메시지를 꾸준히 떠올렸던 것 같다.

　　특별해지고 싶다는, 채워지지 않는 허기를 채우려 전

직(?)도 하고 공부도 열심히 해서 계속 새로운 일에 도전했다. 지금은 신입사원 때 나로서는 상상도 못했던 일들을 해내고 있지만 여전히 가끔씩 '회사에서 잘하면 뭐 할 건데?'라는 허무함이 찾아와 진을 쏙 빼놓는다. 나는 매일 퇴근 시간만 기다리고, 매주 주말만 기다리고, 매달 월급날만 기다린다. 하루의 3분의 1은 늘 무언가를 기다리면서 사는데 무슨 의미가 있나 싶은 것이다.

다들 피터지게 살지만 퇴근과 주말과 월급날을 기다리듯 재테크 대박을 기다리고, 정말 대단하다고 생각하는 사람들은 창업을 하거나 잘린다. 내가 존경하는 사람들도 50세 이후의 삶을 걱정한다. 결국 나는 진정한 의미로 대체 불가능해질 수는 없다는 것을 인정하게 됐다.

그럼 어떻게 살아야 할까? 나도 정답은 모르지만 대체 불가능한 존재가 환상임을 깨달은 뒤에 하게 된 것이 있다. 나 스스로 내 일에 이름을 부여하는 것이다. 이름을 부여한다는 것은 회사원이기 때문에 어쩔 수 없이 해야 하는 일들에 이름과 의미를 붙여보는 것을 뜻한다. 예를 들어 '고객에게 시스템 장애를 보고하는 일'을 '문제 해결 방법들의 우선순위를 매겨 제안하는 일'로 정의한다. 이렇게 하는 건 여러 모로 도움이 된다. 비슷한 다른 문제를 맞닥뜨렸을 때 어떻게 접근해야 할지, 어떤 계획을 세워 해결할 것인지 등 일의 기초를 만들어주기 때문이다.

내가 스스로 정의해놓은 일은 하기 싫지만 반복해서 해야 하는 일, 톱니바퀴 1이기 때문에 해야 하는 일이 아니라, 다른 회사를 가거나 사업을 하거나 투자를 할 때 반드시 할 줄 알아야 하는 일이 될 수도 있다. 나는 정기적으로 찾아오는 '너는 월급쟁이 톱니바퀴일 뿐이야'라는 자괴감에 이런 식으로 맞선다. 생활의 경제권을 일시적으로 회사에 의존함으로써 톱니바퀴가 될 수는 있다. 하지만 내 일의 서사까지 위탁해서는 안 된다.

회사를 다니는 한 대체 가능한 존재일 수밖에 없다는 말은, 우리가 스스로의 경영자가 돼야만 대체 불가능한 존재가 된다는 말이기도 하다. 많은 시간을 투자하는 '일'에서 최대한 많은 것을 끌어내려면, 최선을 다해 이 일을 사랑해야 한다. 대체될 존재라고 대체될 존재처럼 생각하고 행동하면 이 굴레를 끊을 수 없기 때문이다.

이럴 힘을 유지하려면 역설적으로 회사로부터 경제적

인 독립을 해야 한다. 사실 나는 돈에 별로 관심이 없었다. 그래서는 안 되는 상황임에도 돈을 많이 벌고 싶다거나 특별히 아껴야 한다는 생각도 없었다. 그냥 돈에 대한 생각 자체가 아예 없었던 것이다. 그래서 돈을 많이 벌고 싶다거나 최선을 다해 절약하는 동기를 보면 좀 신기했다.

그런데 시간이 좀 지나고 보니 내가 하는 일의 의미를 되새길 수 있는 환경을 만들려면 돈이 있어야 한다는 것을 알았다. 나도 모르게 모든 삶을 월급에만 위탁해서 살아가다 보면 일의 의미를 잃을 확률이 높아진다. 계속해서 일을 좋아할 수 있도록, 일을 선택할 여유를 가질 수 있도록, 연봉으로 너무 많은 것을 결정하지는 않을 수 있도록 제2의 현금 흐름을 만들어야 한다. 일과 자기계발도 게을리하면 안 되지만 우리에게는 제3의 책무, 재테크가 있음을 절대로 잊지 말자. 대체되고 싶지 않다는 열망을 가진 톱니바퀴라면 바쁜 꿀벌이어야만 한다.

일을
사랑해도 되는 걸까?

"이렇게 사는 게 인생인가?" 어떻게 꾸역꾸역 이겨내봐도 한번씩 나를 찾아와 돌을 던지고 가는 질문. 어려운 취업 시장을 비집고 겨우 자리를 찾아 눈치 보는 것이 제1의 능력이었던 시절을 지나 이제 조금 적응했다는 느낌이 들던 그 때부터였다. 이렇게 때맞춰 출근해서 때맞춰 퇴근하고 주말과 월급을 기다리는 게 내 인생의 큰 밑바탕인 걸까?

밀물처럼 들어왔다 썰물처럼 빠져나가는 이런 고민을 얘기하면 사람들은 말했다. 회사에서는 최소한만 하고 회사밖에서 의미를 찾으라고 말이다. 너무 잘하지 말고 적당히 하라는 말도 해줬다. 회사에서 잘한다는 이미지가 생기면 결국 모든 일을 하게 되니 손해 보는 거라고, 내가 열심히 해봤자 사장 배만 불려주는 일이니까 회사에서 얻을 수 있는 것만 하라고. 이런 말을 들으면 나는 더 궁금해졌다. 내 인생을 사랑하려면 내 하루를 사랑할 수 있어야 하고, 그러려면 회사원으로서 보내는 최소 여덟 시간 역시 사랑할 수 있어야 하는 거 아닌가?

학교에서는 자본을 믿는 대신 비판적으로 바라보라고, 신자유주의의 교묘한 착취 전략에 저항하며 어떻게 주체적인 인간으로 살 것인지 생각하라고 배웠다. 물론 입사하고 나서 간접 경험을 통해 회사를 사랑하면 안 된다는 것도 계속 느꼈다. 사회면을 뒤덮는 권고사직 사례, 갑자기 사라지는 얼굴들, 좌천되는 사람들….

회사뿐만 아니라 일을 사랑하면 안 된다는 메시지도 계속해서 받았다. 주말에 일과 관련한 공부를 하거나 일을 했다고 하면 다들 안타깝다는 반응을 보였다. 하지만 나는 내 하루의 여덟 시간을 사랑하고 싶다는, 이 여덟 시간 안에 밥벌이 이상의 뭔가가 있었으면 하는 마음을 지울 수가 없는 종류의 인간이다. 즉, 나는 내 일이 9to6를 지키는 방어전 이상이길, 뭔가 의미가 있어서 기존과는 다른 가치를 만들어낼 수 있길 바란다.

하지만 일을 사랑한다는 마음은 종국에는 그 사람을 괴롭게 만드는 것처럼 보였다. 그런데도 정말 이런 걸 바라도 되는 걸까?

첫 회사에 갔을 때 가장 감명 깊었던 건 매니저들이 조직을 너무 사랑하고 있다는 것이었다. 조직과 자신들이 하는 일에 대한 그들의 자부심을 보며 나도 신뢰감을 가질 수 있었던 것 같다. 아직도 회식 자리에서 한 매니저가 "이 회사는 돈을 못 벌지언정 100년 동안 지켜온 가치에 먹칠하는 짓은 절대 하지 않는다"는 말을 했던 걸 생생하게 기억난다. 그 자부심은 정말 대단했다. 본인 회사도 아닌데 어떻게 이렇게나 자부심을 가질 수 있는지 참 신기했다.

정말 슬프게도 회사에 대한 일방적인 사랑은 칼이 되어 돌아오는 것 같다. 최근에 전 매니저를 만났다. 나는 새 회사로 옮겨 적응을 하고 있었고 매니저는 같은 회사 같은 자리에 남아 계속 일을 하고 있는 상태였다. 그는 젊은 사람들이 퇴사할 때 정말로 화가 났다고 했다. 그들이 남아서 이 조직을 바꿔줄 수는 없었던 걸까 싶어 원망스러웠다고도 했다. 이 말을 할 때 그의 눈은 정말로 슬퍼 보였다.

더 슬픈 건 그 역시 회사에서 뭔가 바꿔보려 최선을 다했던 사람이라는 것이다. 계속해서 노력했지만 실패를 거듭했고 사람들은 끊임없이 조직을 이탈했다. 그는 그 오랜 시간 동안 무기력을 학습했다. 내가 보기엔 정말 실력이 출중한 사람인데도 그는 본인 나이에 어딜 가냐며(그렇게 나이가 많지도 않다) 그냥 적당히 버티다 은퇴하겠다고 했다.

조용하게 슬픔이 차올랐다. 이 슬픔은 나를 입 다물게 했다. 아직 내가 경험해보지 못한 고통이라 별다른 위로도 못해주고 헤어졌다. 돌아오는 길에는 입 안 가득 씁쓸함만 남았다. 일을 사랑하는 어떤 사람들은 그 마음에 잡아먹히는 것처럼 보였다.

일을 잘하고 싶은 내 마음에 충실하며 일할 수는 없을까? 그러면서도 일을 사랑하는 마음에 잡아먹히지 않을 수 있을까? 아니, 나는 이미 일을 좋아하는데 어떻게 해야 할까? 주식을 배우는 게 근로소득을 높이는 것보다 인생을 더 낫게 만들어주는 것처럼 보이지만 그래도, 그래도 말이다.

일을 좋아하고 잘하면서 지내려면 어떻게 해야 할까? 필요 이상을 하게 되는 마음을 어떻게 쓰며 지내야 할까?

내 나름대로 정한 원칙은 일과 사람은 사랑하되 회사는 사랑하지 않는다는 것이다. 그러려면 우선순위를 만들 수 있어야 한다. 일에 대한 사랑과 회사에 대한 사랑을 분리하는 건 너무 어렵지만, 지금 하고 있는 일이 보편적인 기술을 터득할 수 있는 일인지 생각해봐야 한다. 이 회사에서만 쓸 수 있는 특수한 기술이 아니라 다른 회사에 가서도 쓸 수 있는 보편적인 기술인지 말이다. 이걸 알려면 약간 경력이 쌓여야 하고, 시간이 흐르면 답이 달라질 수도 있기 때문에 늘 불안함을 껴안고 지내야 한다. 그래도 이 일이 내 이력서에 어떤 의미인지 꾸준히 생각하며 지내야 한다. 그래야 어쩌다 보니 일을 사랑하게 된 인생을 지킬 수 있다.

나는 엔지니어로서 일할 때 지금 회사 서비스의 특성만 열심히 보는 게 아니라 오픈소스 기술들을 같이 생각하려고 한다. 그렇게 하면 '일'의 맥락을 더하되 소속 회사의 특수성은 제하면서 나만의 스토리를 만들 수 있어서다.

AWS CDK Cloud Development Kit라는 아주 특수한 서비스가 있다. 나는 대고객 실습 자료를 만들어 고객들에게 이 서비스를 알리는 프로젝트를 했다. 이 서비스는 개발자들이 AWS 서비스를 굉장히 빠르고 편하게 대량으로 찍어낼 수 있도록 만들어주는데, 나는 타이밍 좋게 개발 초기 단계에서부터 이 제품을 써봤고 마음을 홀딱 빼앗겼다. 그런데 지나치게 AWS형 서비스라는 게 마음에 걸렸다. 다른 오픈소스 제품들과의 맥락 없이 "빠르고 편하니까 이걸 쓰세요"라는 소개 자료들이 내 자존심을 건드렸다.

내가 AWS 사람이 아니어도 이 서비스를 다른 이들에게 권하고 싶은가 생각해봤는데 확신이 서지 않았다. 그래서 맥락을 붙여나갔다. 다른 제품들도 써보고, 커뮤니티 반응도 검색해보고, 산업 보고서도 읽어보고, 제품 개발한 사람들과도 이야기해보고⋯ 정보의 조각들을 모아 내 스토리를 만들었다. 전 세계 기업의 IT 비용 지출을 고려해보면 고객들의 80퍼센트가 아직도 클라우드를 사용하지 않고 있다. 앞으로의 산업 발전 동향을 볼 때 인프라 전문 인력은 축소되고 개발 인력이 인프라 지식을 가져가는 식의 인력 시장 개편이 빠르게 일어날 것이다. 이런 상황에서 보면 인프라 지식이 부족해도 개발자들이 클라우드를 쉽게 쓸 수 있는 툴이 필요한데, 다른 툴들은 프로그래밍 언어를 사용하지 않아 개발자들에게 불편한 점이 많았다.

회사를 벗어나 업계의 관점에서 보니 CDK는 확실한 가치가 있는 제품이라는 생각이 들었다. 이렇게까지 정리가 되면 회사 직원으로서가 아니라 IT 업계에서 일하는 한 사람으로서 동의가 되기 때문에 제대로 일에 착수할 수 있다. 이런 식으로 일을 시작하면 좋아하는 마음이 생기고 당연히 좋은 결과로 이어진다.

이렇게 좋아하는 일만 할 수 있다면 좋겠지만 돈 주니까 해야 하는 일들도 있다. 한 번 했던 발표를 반복해서 해야 할 때도 있고, 여기에 기록하래서 했더니 같은 정보를 다른 곳에 또 기록해야 하기도 한다. 주간 보고, 월간 보고도 대체로 다 시켜서 하는 일이다. 해야만 하는 일들은 자동화할 수 있는 방법을 찾아야 한다. 회사 동료 중 한 명이 우리 생활도 시스템들처럼 최적화해야 한다고, 어떻게 하면 최대한 일을 안 할 수 있는지 고민해야 한다고 했던 것이 큰 힌트가 됐다. 최대한 잔머리 써서 대충 해도 굴러갈 수 있는 나만의 시스템을 만들어두면 재미있는 일을 할 시간적·정신적 공간이 생긴다고 한 말이 굉장히 인상적이었다.

별로 재미는 없지만 월급을 받아야 하기 때문에 해야

하는 일의 대표적인 예가 월간 보고다. 보고를 하려면 매달 의미 있었던 일과 다른 팀의 도움이 필요한 일들을 짤막하게 써야 한다. 그럼 캘린더를 열어 내가 했던 미팅들을 돌이켜보고 주고받은 메일들을 다시 살펴봐야 한다. 어떻게든 안 하고 싶은 일인데 이것저것 직접 찾아야 해서 시간이 많이 걸린다. 이 시간을 최소화하기 위해 나는 회사에서 사용하는 CRM Customer Relationship Management 툴에 내 주간 활동들을 등록하고 이걸 자동으로 시각화해주는 대시보드를 만들었다. 그랬더니 메일과 달력을 뒤지지 않아도 되었고, 한 시간 넘게 걸리던 일을 30분 안에 해결할 수 있었다.

이렇게까지 노력했는데도 지금 하는 일들이 쓸모없고 시켜서 어쩔 수 없이 하는 일들이라고 느껴지면 그때는 그 자리를 떠나야 한다. 회사가 주는 상황은 우리를 밑도 끝도 없이 끌어내릴 수 있기에 '회사'의 공간을 줄여나가고 내 '일'의 공간을 넓혀나가는 노력을 계속해야 한다. 회사가 아닌 일을 사랑하고, 일을 사랑하는 마음에 잡아먹히지 않고 오래 가려면 말이다.

그때의 나와 닮은 후배들 앞에 선

지금의 나

나는 5년 동안 막내였다. 회사에서 꽤 많은 시간을 보낸 후에야 후배들을 만났다. 너무 오래 막내로 지내서 후배들이 굉장히 생경하고 낯설었다. 지금까진 남들이 나를 어려워하거나 뭔가 부탁해야 하는 경우가 없었기 때문이다. 계속해서 막내였으니 내가 늘 그런 사람이었다. 잘 모르겠으니 시간을 좀 내달라고 하고, 바쁜데 답변해줘서 고맙다고 하는 사람. 그런데 이제 나를 어렵게 생각하거나 내게 물어볼 게 있다며 시간을 좀 내달라고 요청하는 사람들이 생겨버렸다.

103

가끔은 '아니, 이게 도대체 무슨 말이야?' 싶은 질문들도 받는다. 메신저로 이것저것 물어보는 후배도 있는데 정말 너무 귀찮을 때도 있다. 질문들 중에는 한 번만 더 생각해보면 혼자서도 답이 나올 질문도 있고, 나한테 물어본다 해도 답이 안 나올 질문도 있다. 답답하고 귀찮다는 생각이 일렁인다.

우리 팀에 신입사원이 들어왔을 때였다. 그는 내게 정말 너무나 많은 것을 물어봤다. 기술적인 부분, 회사 생활의 자잘한 부분, 업무에 임하는 나(그가 아니라 나다)의 태도, 시간 관리 방법, 그가 진행하는 프로젝트에 대한 나의 의견 등등. 그가 메신저로 날 부를 때마다 정말 '아, 또, 왜, 뭐'라는 생각이 들 정도였다.

질문하는 후배들을 답답해하고 귀찮아하는 이 나쁜 마음들은 어디서 오는 걸까? 나도 신입사원을 벗어난 지 얼마 안 됐는데 왜 올챙이 적 생각하는 게 어려운 걸까? 내가 내린 결론은 내 마음이 조급하고 불안해서라는 것이다. 나도 알아야 할 게 너무 많고 내 일 해내기도 바빠 죽겠는데 그들이 물어보는 것들을 다 알지도 못한다. 또 가끔은 내가 너무 자연스럽게 체득해버려서 도무지 어떻게 설명해야 할지 모르는 것들도 있다. 모르는 걸 물어보니 짜증나고 내겐 너무 당연한 걸 물어보니 막막하다. 쓰고 보니 결국은 멋지게 해결해주고 싶은데 그렇지 않은 선배라서 후배들의 질문이 버거운 것 같다.

한번은 들어온 지 얼마 안 된 D와 함께 일한 적이 있다. 내 업무 중 하나가 회사에서 정기적으로 실시하는 행사가 잘 진행되도록 관리하는 것인데, 그때는 특별히 다른 회사와 함께 행사를 진행하게 됐다. 그쪽에서 강연자 한 명이 온다고 해서 우리도 강연자를 구해야 하는 상황이었는데 D가 이 일을 맡아서 해주기로 했다. D에게는 첫 행사였지만 워낙 준비가 철저한 사람이라고 들어서 크게 걱정하지는 않았다.

막상 행사가 시작되니 삐걱대는 지점들이 있었다. 두 회사가 함께 진행한 게 처음이라 나로서는 마음에 들지 않는 부분들도 있었다. 그러다 보니 여기저기서 조그만 문제가 연이어 발생했다. 행사 진행 자체가 내 통제를 벗어나는 것 같아 극심한 스트레스를 받고 있었는데, D도 자잘한 실수들을 했다. 내가 관리를 잘 못했다는 생각이 들어 머리가 터질 것 같았다.

그때 D와 나의 매니저가 지나갔다. 평소 매니저와 친하게 지내던 D는 그를 붙잡고 푸념을 했다. 함께 진행하는 회사가 준비한 것들이 마음에 안 든다, 준비된 툴들도 다 불편하다, 뭐 이런 얘기들이었다. 순간 참을 수 없는 화가 솟구쳤다. 나는 그 매니저가 어렵고 불편해 무슨 일이든 눈치를 보는데 내 귀책인 일들을 곧이곧대로 늘어놓으며 일러바치고 있다는 생각이 들었고, 그런 D의 모습이 잠시 회상하는 것만으로도 벽을 차게 되는 신입사원 시절의 나 자신과 겹쳐 보였기 때문이다. 마음 같아서는 그 자리에서 뭐라고 하고 싶었지만 일이 너무 바빴다. 욱하던 순간들을 여러 번 보내고서야 그날 일정이 겨우 마무리됐지만 퇴근 시간에 맞춰 잡아뒀던 약속에 늦어 마음에 여유가 없었다. D와는 "그래도 잘 끝내서 다행이에요"라는 영혼 없는 대화를 나누고 급히 헤어졌다.

D는 온보딩 중이었기에 나는 그에게 행사 업무에 대한 피드백을 줘야 했다. 결국 D에게 메일로 쓴소리를 하고 말았다. 안 하는 게 나을 말을 아무 필터 없이 그냥 해버리는 게 꼭 과거의 나 같아서 더 모르는 척하고 넘어가기 힘들었던 것 같다. 사실 메일을 쓰면서 오만 가지 생각이 들었다.

보내고 나서는 조마조마한 마음에 오만 가지 생각이 더 들었다. 너무 심하게 말한 걸까? 생산적인 조언을 하려 노력했는데 그건 내 사정이고 D 입장에서는 너무 달갑지 않은 오지랖 아닐까? 나도 선배들이 조언을 한답시고 말해줄 때 늘 고맙지만은 않았는데 그걸 그새 잊어버린 것이다.

솔직히 내가 D에게 그런 메일을 쓸 수 있었던 건 확실히 그를 나보다 아랫사람이라고 생각해서였던 것 같다. 잘 포장했다고 스스로를 위로하긴 했지만 결국 내가 그에게 한 말은 "생각 좀 하고 말해"와 다르지 않았다. 이 말은 내가 정말 많이 들었던 말이기도 했다. 그 말에 눈물 흘리던 시간들이 있었는데 내 입에서 그런 말이 나왔다고 생각하니 영 찝찝했다.

갑작스럽게 내 앞에 등장한 신입사원, 연차가 낮은 사원들 그리고 그들을 대하는 나의 낯설고 못된 모습을 복잡한 마음으로 바라보다 문득 신입사원 때 나는 어땠나 싶어 그때 일기를 찾아 읽었다. 읽어보니 마음이 더 복잡해졌다. 일기장이 첫 매니저 이야기로 가득했기 때문이다. 그가 내게 가르쳐준 것들, 지시한 업무, 해준 말들 등이 빼곡히 적혀 있었다.

그와 나는 인연이 깊다. 그는 내가 눈물을 한 바가지나 쏟았던 면접장에 있었다. 원래 다른 팀에 배정받은 나를 '뭔지는 모르겠는데 특별한 걸 봤다'며 자기 팀으로 데려가기도 했다. 그때의 나는 지금보다도 훨씬 더 뭔가 증명해 보이고 싶다는 생각을 많이 하던 애였다. 그의 팀에 배정받은 모든 사연을 알게 된 다음부터는 더욱더 많은 것을 증명해 보이고 싶었다. 하루는 매니저가 어려운 부탁을 영어로 하려니 힘들다는 말을 해서 그럼 내가 써보겠다고 한 적이 있었다. 그는 단칼에 됐다고 하며 덧붙였다. "그런 잡일 시키려고 뽑은 거 아니니까 시키는 일 잘해라." 다른 얘기도 있다. 당시 나는 전환형 인턴이라 마음이 조급했다. 하루는 그와 차를 마시며 내가 어떤 가능성이 있는지, 이걸 어떻게 보여줘야 할지 모르겠다고 했다. 그는 말했다. "지금 그 말을 하고 있는 이 순간에도 보여주고 있으니 걱정하지 마."

일기를 읽으며 당시 내 매니저의 모습에 새삼 놀랐던 것 같다. 너무 수치스러운 기억이라 잊으려 노력했지만 일기장에 적힌 것들을 보면 그때의 나는 지금 내 후배들보다 더 엉망진창이었다. 그런데 그는 이런 말들을 해줬고 내게 잘해줬다. 정말 어떻게 그렇게까지 할 수 있었을까? 나는 그때의 나와 닮은 이들을 만났지만 그 시절 내 매니저처럼 웃으며 기다려주지 못했다. 그저 내 속에 있는 나쁜 마음이 새어나오지 않도록 꽉꽉 틀어막고 있었을 뿐이다.

나는 아무도 시키지 않았지만 이를 악물고 살았다. 나를 깎아내리려는 것 같은 이들 앞에서 끊임없이 증명하기 위해 바쁘게 지냈다. 세상엔 악의와 이기심이 가득 차 있다고, 거기에 지면 안 된다고 생각했기 때문이다. 하지만 이렇게 살면 나도 모르게 전투력을 제외한 모든 것을 잃게 된다. 우리가 느끼는 모든 악의와 딱히 악의는 없지만 이기적인 태도는 굉장히 교묘하고 강력하다. 그것들을 이기려 아등바등 살지만 어느새 내게도 옮는다. 까딱 잘못하면 나도 그런 사람이 돼버린다. 누군가를 이해하지도, 기다리지도 않는다. 그저 '내 앞길 방해하지 마'라는 자세로 살게 된다.

난 이렇게 계속 달리다 내가 얼마나 많은 선의를 만나며 살아왔는지 잊어버렸다. 오로지 내가 노력해서, 정말 피터지게 열심히 해서 여기까지 왔다고 의식적으로 되뇌었지만 사실 그 뒤에는 정말 많은 사람의 선의와 기다림이 있었다. 첫 매니저의 따뜻한 말 한마디가 아니었다면, 내가 발을 뗄 수 있게 기다려준 많은 사람이 없었다면 더 잘해보겠다는 내 마음은 어디를 향하는지도 모를 맹독이 됐을 것이다.

일기장을 보며 다짐했다. 나를 이해하고 기다려준 사람들의 따뜻한 마음을 절대 잊지 않겠다고, 꼰대가 아닌 올챙이 적 생각하며 믿고 기다려주는 사람이 되겠다고 말이다. 곧 잊어버릴지도 모를 연약한 다짐이지만 내가 받은 마음들을 잘 모아놓았으니 가능할 것 같기도 하다.

어쩐지 민망해서 모두에게 연락하지는 못했지만 어린 내게 호의를 베풀어준 모든 사람에게 진심으로 고맙다고, 똑같이는 못하겠지만 비슷하게라도 노력해보겠다는 말을 꼭 전하고 싶다. 일기장을 열어 오랫동안 잊고 지냈던 따뜻한 기억을 발견해 참 다행이었다.

결국,

———————————————— 사람

재작년 봄에는 이별이 많았다. 거의 2년 동안 매니저였던 분이 다른 팀으로 갔고, 대단히 가깝지는 않았지만 좋고 나쁜 일을 함께 나누며 서로 응원했던 좋은 동료도 다른 회사로 떠났다.

전 회사에서 회사 사람을 정말로 신뢰하거나 아끼면 안 된다는 것을 몸으로 배웠다. 불필요한 가슴앓이와 배신감을 느꼈기 때문이다. 그저 많은 사람과 가까워지고 싶다는 내 마음은 이상하게 칼이 되어 돌아왔다. 나는 꼭 내게 득이 될

만큼만 사람들을 믿고 최대한 나 자신은 보여주지 않겠다고 다짐했다. 그래서 이직을 했을 때 모두와 거리를 두려 했다. 최대한 그들을 좋아하지 않으려고, 의지하지 않으려고, 일을 하는 사이로만 지내려고 최선을 다했다. 그래도 소중한 사람들이 생겼다. 함께하는 시간이란 건 참 무섭다.

다른 팀으로 가게 된 매니저는 지금 회사에서 내 첫 매니저였다. 그는 업계 경력 20년이 넘은 시니어로, 기술적인 기준이 엄청 높고 현재 회사의 독특한 문화를 완벽히 체화하고 있는 철두철미한 사람이다. 남의 기분을 배려하지 않고 건설적인 피드백을 공격적으로 해서 그에게 상처받고 눈물 흘린 사람이 한둘이 아니다. 울 정도로 날카로운 말들이지만 생각해보면 맞는 말이기도 하고, 진심으로 우리가 잘되기를 바라서 하는 말인 걸 알기에 존경할 수밖에 없어지는 사람이다. 무엇보다 그는 내가 울어버린 면접에서 차갑고 따뜻한 말들로 날 더 울게 한 사람이기도 했다.

나도 다른 사람들처럼 그에게 힘든 트레이닝을 받았다. 본인의 기준이 워낙 높은 사람이라 함께 일하는 게 까다롭기도 했다. 하지만 팀을 옮길 수 있을 때도 그의 팀에 남기로 했다. 그는 내 연차에 해야 할 것들, 앞으로 해나가야 할 것들이 무엇인지 함께 생각해줬고 그에게는 배울 것도 많았다. 나는 기술적으로는 부족한 부분이 많지만 발표, 자료 작성, 프로젝트 리드 등의 잔재주가 많다. 그는 이런 재주들을 이용해 내가 회사에서 자리를 잡게 도와주고 부족한 부분들을 채울 방법도 알려줬다. 나는 그가 일하는 방식, 회사가 추구하는 방식, 내가 하고 싶은 일들을 잘 조합해서 해나갔고 그는 나를 신뢰하게 됐다. 그의 신뢰를 받는다는 것만으로도 자신감이 붙었다.

함께하는 일이 많지만 서로 개인적인 이야기는 일절 하지 않았다. 나이, 개인사, 연애 등등. 심지어 날씨 얘기도 잘 안 했다. 일 얘기를 제외하고는 거의 한두 마디도 안 해봤다고 생각하면 된다. 내가 아는 그의 개인적인 이야기는 모두 다른 사람들에게 전해들은 것뿐이다. 단둘이 밥을 먹거나 차를 마신 적도 없었다. 회사에서 권장하는 1대1 미팅을 하는 게 다였다. 1대1 미팅을 할 때도 비슷했다. 그런 자리에서 커리어에 관한 내 고민을 얘기하면 왠지 모르게 울컥할 때가 있어서 나는 일부러 일 이야기만 했다.

그가 다른 팀으로 간다고 했을 때 잠시 벙찌기는 했지

만 슬프거나 걱정되거나 하지는 않았다. 신입사원일 때는 매니저랑 헤어지면 눈물이 났었다. 그때와 비교하면 아주 건조한 감정이라고 생각했다. 그리고 마침 그 주에 1대1 미팅이 있었다. 여느 때처럼 일 이야기만 하면서 시간을 보내고 거의 처음으로 이런저런 커리어 고민을 이야기했다. 이미 약속한 시간은 지나 있었다. 그도 나도 이제 이렇게 1대1 미팅을 하는 건 마지막이라 생각해서 평소보다 이야기를 많이 나눴던 것 같다.

그러다 마지막으로 면접 때 운 이유에 대해 말했다. 그가 못되게 굴어서 운 게 아니라는 걸 언젠가는 꼭 말해주고 싶었기 때문이다(그는 본인 때문에 울었다고 생각하는 것 같았다). 사실은 너무 고마웠다고, 그때 나는 열심히 산 게 억울하기도 했고 이직하고 싶다는 마음이 너무 간절했는데 그런 나를 알아봐줘서 고맙다고, 그 자리에서 당신을 만난 건 정말 행운이었다고… 일기장에 몇 번이나 썼지만 지인들에게 얘기할 때는 늘 울컥하던 말들이었다. 원래도 개인적인 이야기를 전혀 하지 않았는데 이런 이야기를 하자니 더 울컥하긴 했지만 어쨌든 꾹 잘 참았다.

그런데 그가 울컥했다. 사실 깜짝 놀랐다. 울컥하는

50대 남자를 본 건 아빠를 제외하곤 거의 처음이었다. 그는 나만큼이나 무언가를 억누르면서 본인도 나를 만나 행운이라고 생각한다고 말했다. 다른 사람이었다면 달려가 안고서는 펑펑 울었을 것 같지만 우리는 그런 사이가 아니었다. 그렇게 서로 목소리를 가다듬고 또다시 만나자는 말을 하면서 회의실을 나왔다. 문을 열었을 때 시원한 공기가 느껴졌던 게 기억난다. 어떤 마음을 누르고 침착해지려면 많은 에너지가 발산되기 마련이다.

그날 집에 돌아오는데 기분이 참 묘했다. 나는 사람 사이에 유대감이 생기는 건 어려운 일이라고 생각했다. 매일같이 이야기하고, 힘든 일 생기면 쪼르르 달려가서 말하고, 같이 담배를 피우고, 함께 밥을 먹거나 술을 마시지 않으면 생기지 않는다고 생각했다. 그래서 무리에 끼려고, 소외당하지 않으려고 유대감을 만들기 위해 고군분투했던 것 같다. 그러다 많이 상처를 받았고 다시는 이런 일을 하지 않겠다고 생각했다. 하지만 유대감은 그런 게 아니었다. 차 한 번 마시지 않아도, 함께 밥을 먹지 않아도, 담배를 피우고 술을 마시지 않아도 자연스럽게 생겨날 수 있었다. 시간을 함께 보내며 신뢰가 쌓이면 저절로 생겨나는 것이었다.

혼자 쌓아올린 철벽과 바쁜 회사 일로 미처 보지는 못했지만 우리는 이미 너무 끈끈한 사이가 돼 있었다. 내가 그에게 의지하는 만큼 그도 내게 의지하고 있었다. 더는 회사에서 소중한 존재를 만들지 않으려 했는데, 또 누군가를 진심으로 아끼고 존경하고 있었다.

회사, 참 신기하다. 마음의 빗장을 걸어 잠그고 회사든 누구든 사랑하지 않겠다고 다짐했는데. 다시는 이렇게 살지 말아야지, 싶었는데. 또 이런 따뜻한 순간들을 지나게 한다.

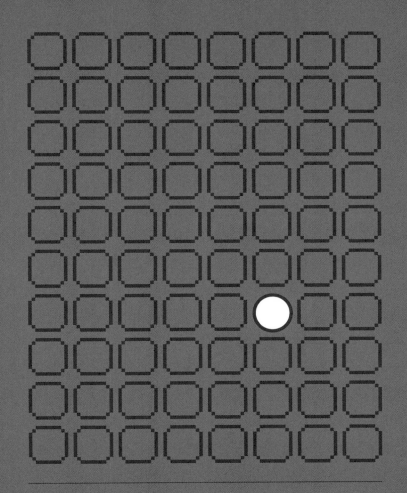

3 남초 업계에서 일하는 젊은 여자

젊은 여자가 아니라

'나'로 살 수는 없을까?

내가 여자라는 걸 절절하게 느꼈던 건 사회생활을 시작하면서부터였다. 회사에 오니 '여자니까 하지마' '여자니까 해' 같은 말을 들었다. 대놓고는 아니지만 묘하게 직무의 성별화가 느껴지기도 했다. 어쩌다 조직도를 살펴보면 영업팀은 주로 남자들로 이뤄져 있었고 마케팅팀은 늘 여초였다. 내 첫 매니저는 내게 마케팅을 '여자들이 잘하는 일'이라고 소개하기도 했다(마케팅팀 팀장은 남자였다).

    IT 업계는 남초 조직이다. 여기 있으면서 여자들이 '막

내 업무'를 하는 것도 늘 본다. 여자들은 남자들보다 더 어린 나이에 사회생활을 시작하는데도 그렇다. 막내 업무를 물려받을 나이 많은 남자 사원들 중에는 그걸 왜 자기가 하냐는 식으로 꾀를 부리는 사람도 있었다. 난 그때마다 속이 타들어갔지만 이것 말고도 나를 의문에 빠지게 하는 일들은 즐비했다.

내가 방문하는 고객사마다 회의실을 예약하고 프로젝터를 연결해주는 건 여자 사원들이었고, 내 동료들은 여자 CTO를 보고 "아줌마가 나와서 깜짝 놀랐어"라고 말했다. 몇 없는 여초팀의 매니저들은 성비를 맞추겠다며 남자만 뽑겠다고 한다. 남자 동료들처럼 라인 좀 타보려고 높은 자리에 있는 사람과 저녁을 먹을 때 나는 주변에 회사 사람들이 있는지 살피게 된다.

학교 다니면서는 내 성별을 의식할 일을 잘 피해다녔는데, 회사는 도처에 성별화가 널려 있어 도저히 피할 수가 없었다. 자꾸 '여자의 일'이라는 구획을 발견해야만 했다.

한편 나는 예쁜 나를 좋아했다. 어릴 때부터 외모 콤플렉스가 심해서 더 그랬다. 초등학교 1학년 때 나는 별로 예쁘지 않은 비만인 아이였다. 그때 부모님에게 "나는 안 예쁘니까 공부 열심히 해서 서울대 갈 거야"라고 했던 게 아직도 기억난다.

그때부터 예뻐지고 싶다는 은은한 욕망은 숨기면서, 예뻐지려는 많은 노력을 한 덕에 크면서부터는 예쁘다는 소리를 종종 들을 수 있게 됐다. 그 칭찬은 항상 기분 좋았다. "예쁜데 일도 잘하네"라는 말을 들을 때는 이게 회사에서 들을 수 있는 최고의 칭찬이라고 생각했다. '어리고 예쁘고 착한 여자'라는 이미지 안에서 나는 안전했고 뭔가를 조금만 더 잘해도 쉽게 인정받았다. 하지만 알고 있었다. 예뻐지기 위해 노력하는 젊은 여자의 정확한 위상을.

첫 회사에 다닐 때 내 입사 동기들과 팀장들이랑 식사를 하는 자리가 있었다. 여자는 나뿐이었다. 그런데 팀장들 중 한 명이 나를 동기 한 명과 엮기 시작했다. 맥락도 없이 대뜸 둘이 잘해보라는 얘기였다. 난 그냥 무슨 말이냐며 웃고 있었는데 동기가 "지원이는 제 스타일 아니에요"라며 상황을 정리했다. 그 자리에 있는 모두가 크게 웃었던 것 같다. 나도 따라 웃었지만 왠지 모르게 얼굴에 열이 올랐다. 그때는 몰랐지만 그건 내가 언제든 성적 대상화되어 평가당할 수 있다는 것에 대한 불쾌감이었다.

이런 크고 작은 경험들은 내게 혼란과 불안을 줬다. 그런 상황이 불쾌하긴 한데 여자라서 갖는 어드밴티지나 여자라서 쉬운 점이 있다고 생각했기 때문이다. 당시 내 일기에는 이런 말이 있다. "올해가 지나면 예쁘지 않을까 봐, 지금 받는 사랑을 받지 못할까 봐, 내가 나여서가 아니라 그저 젊은 여자여서 사랑과 관심을 받는 걸까 봐 두렵다." 자연스럽게 학습했던 것 같다. 사람들이 나와 다른 여자 시니어들을 굉장히 다르게 대한다는 것을. 나도 나이가 들 텐데 그땐 어떻게 해야 하지? 동료들이 말한 것처럼 아줌마 대우를 받을 때가 되면? 이런 불안도 가득했다. 하지만 당시에는 그냥 내게 주어지는 어드밴티지(라고 생각한 것들)를 즐겼다.

그런데 내가 진짜 실력으로 겨뤄야 할 시간이 왔을 때 사람들은 나를 진지하게 대하지 않았다. 커리어에 대한 심각한 고민을 토로해도 "귀엽네"라는 말이 돌아왔다. 매니저에게 일을 더 시켜달라며 욕심을 드러냈더니 "연애를 해보는 게 어때?"라는 말을 들었다(이 말 자체가 너무 충격적이라 생생히 기억난다). 세상이 요구한 대로 예쁘고 말 잘 듣는 젊은 여자로 살았지만 세상은 어느 지점 이상의 자아 팽창을 허용하지 않았다. 난 그저 귀엽고 젊은 여자였을 뿐 인생에 대해 고민하고 발전을 도모하는 인간일 수는 없었다. 내가 생각했던 '여자라서 허용되는 이익'은 울타리 내에 머물게 하는 사료 같은 것이었다.

나는 내 인생에 진지했다. 어제와 다른 내가 되어 성장하고 싶었고 회사에서 내 노력에 걸맞은 보상을 받고 싶었다. 하지만 사람들은 나를 그런 인간으로 보지 않았다. 내 고뇌와 진지한 요청을 하찮게 치부하는 걸 보며 달라져야겠다는 생각이 들었다. 젊은 여자가 아니라 나로 살기 위한 다른 전략이 필요했다.

어느 여름 주말, 무작정 머리를 잘라버렸다. 사람들이 머리를 왜 이렇게 짧게 잘랐냐고 물어보면 그냥 씻기 귀찮았다고 대답했지만 나로서는 정치적인 결단이자 선언이었다. 사회적 여성성이라는 것에서 완전히 벗어나지는 못했고 여전히 예쁜 게 좋지만 '여성'으로서 성공할 것이라는 선포였다. 쓰고 보니 유난스럽게 느껴지지만 내겐 머리 한번 자르는 데에도 이렇게나 큰 결단이 필요했다.

정말 신기하게도 머리를 자르고 나니 나를 공기처럼 감

싸던 연애 이야기와 외모 품평이 사라졌다. 다른 누군가와 잘해보라는 이야기를 듣지 않게 됐다. 그 빈 자리는 일 얘기로 채워졌고 나는 여러모로 편해졌다. 과거의 나는 얼마나 피곤했을까. 지금 생각해보면 괜히 그때의 내가 딱해진다.

그럼에도 여전히 젊은 여자라 어쩔 수 없이 쫓아오는 것들이 있다. 내가 담당자인데도 고객이 남자 동료에게 연락한다든지 하는 때가 그렇다. 미팅에서 내가 아닌 다른 남자 동료를 보고 이야기하는 것 같은 분위기를 감지할 때도 있다. 기분 탓인지 왠지 세상이 내가 하는 실수에는 더 야박하게 구는 것 같다고 느낄 때도 있다.

내게는 주지 않는 눈길, 어쩐지 성가신 것처럼 들리는 목소리 등을 매번 '내가 여자라서 그런가?'라는 필터로 읽어야 할 때마다 내 안에는 상처가 쌓여간다. 나는 내가 맡은 일을 열심히 하고 싶을 뿐인데 왜 그걸 알아주지는 않는 건지, 내가 뭘 더 어떻게 해야 하나 싶어 억울할 때마다 아주 깊은 심해에 빠진 것만 같은 기분이 든다. 그래도 아침마다 침대를 나선다. 그래도 어쩌겠어? 해내야지.

모두가 나와 같은 선택을 할 필요는 없다. 나는 불필요한 대화나 여러 불편을 봉쇄하고 싶은 마음에 내게 가장 편리한 옵션이었던 머리 자르기를 택했던 것뿐이다. 조직에서 '젊은 여자'로 읽혔을 때 발생하는 불리한 점들은 언제나 있다. 이걸 극복하려면 그게 머리를 자르는 것이든 뭐든 자신만의 전략이 필요하다.

내 동기들 중에는 영업을 하는 여자 동기가 많다. 클라우드 등장 이전까지 IT 업계에서의 영업은 한 번에 대량 구매를 발생시키는 것이었다. 오랫동안 사용할 서버, 스토리지 같은 고가의 장비들을 한 번에 많이 팔아야 해서 고객과의 관계를 관리하는 게 특히 중요했다. 소위 말하는 술 영업, 형님 영업을 해야 했기에 내 동기들은 나와 다르게 센 언니의 모습을 취했다.

클라우드가 등장한 이후의 세상도 사실 대단히 달라졌다고 말하긴 어렵다. 그래도 클라우드는 긴 시간에 걸친 '밸류 셀링'이라는 점에서 영업하는 여자들에게 더 넓은 길이 열렸다고 생각하는 주변 사람이 많지만 영업하는 여자들을 무시하는 사람은 여전히 많다. 항상 친절하기를 바라면서 실제로 친절하게 대하면 무시한다. 영업하는 여자 동기들은 어떤 브랜드의 아이섀도를 쓰면 기가 세 보인다는 농담 반

진담 반의 이야기들을 한다. 이런 현실이 씁쓸하다.

내가 머리를 자른 것이나 동기들이 세 보이는 화장을 하는 것이나 어떤 면에서는 동일하다. 결국 상대방에게 '나는 네가 생각하는 착하고 말 잘 듣는 여자가 아니야'라는 메시지를 주려는 것이기 때문이다. 꼭 외모만 그렇지도 않다. 나는 회사에서 내가 '여자애'가 아닌 '한 사람의 프로'로서 읽히기 위해 노력하고 있다. 주관적인 것이라 모두가 동의하진 않는 부분도 있겠지만 지금까지 내게는 꽤 효과적인 것들이다.

1 첫째도 실력, 둘째도 실력이다. 내 분야에서는 꼭 전문가가 돼야 한다.

2 다른 사람의 도움을 받았거나 누군가 내가 모르는 것을 알려줬다면 의존적이지 않은 방식으로 고마움을 표현한다. "XX님 없이는 못했을 거예요"가 아닌 "XX님 덕분에 오늘도 하나 배웠습니다. 고맙습니다"처럼 표현하는 것이다.

3 사소한 실수는 되도록 안 하는 게 좋지만, 실수를 했다면 정확하게 사과하고 다시는 그 실수를 하지 않아야 한다.

4 정확한 맞춤법을 쓰되 다나까 체를 사용한다. '~용' '~당'

이런 건 친구라고 할 수 있는 가까운 직장 동료들에게나 쓰는 거다. 너무 딱딱한 말투가 신경쓰인다는 사람도 있지만 젊은 여자들은 분위기 메이킹을 위해 존재하는 것이 아니다. 정확하게 의사를 전달하면서도 신뢰할 수 있는 말투를 사용해야 한다.

5 말끝을 흐리지 않는다. '~한데…'라고 말을 끝내는 것만큼 자신 없어 보이는 것도 없다.

6 감정이 드러나는 표현은 자제한다. "XX님이 YY하는 바람에 너무 짜증나서 눈물 날 뻔했어요"가 아닌 "XX님이 YY하시면 저희 팀에서 어떻게 대응해야 할지 모르겠어요"라는 식으로 말해야 한다.

7 개인적인 이야기는 자제한다. 나도 모르는 사이에 다른 사람들의 안줏거리가 되는 일이 비일비재하게 생긴다.

이 외에도 나는 나의 내성적인 성격을 십분 활용해 먼저 사근사근하게 말을 걸지 않는다거나 안 웃기면 웃지 않기도 한다.

아마 읽으면서 '저러다 아무도 말 안 걸겠는데' '다들 무서운 사람이라고 생각하는 거 아냐?'라고 생각했을 수도 있다. 하지만 젊은 여자들에게만 부여되는 과제가 뭔지, 젊은 여자라서 겪게 되는 상황이 뭔지 냉철하게 생각해보고 그걸 벗어날 수 있는 태도를 갖춰야 한다. 잊지 말자. 우리는 커리어 전사들이지 웃음을 주는 사람들이 아니다.

남초 업계에서
여자 엔지니어로서 인정받기

고객사 사이트 운영 대행 일을 할 때, 고객이 사용하는 소프트웨어의 유지보수 엔지니어들이 오는 경우가 종종 있었다. 그럴 때는 그냥 관련 팀과만 잠깐 만나고 할 일을 신속하게 마친 다음 소리 소문 없이 돌아가는 게 보통이다. 특히 우리 팀이 아닌 다른 팀을 방문할 경우 누가 왔다 갔는지조차 모른다. 그런데 어느 날 모두가 한 엔지니어 팀을 주목하고 그들이 집에 갈 때까지 지켜본 적이 있었다. 20대로 보이는 여자 엔지니어 둘이 왔기 때문이다. 그날 거의 모든 직원은 그들이 작업하는 곳을 기웃거리며 훑겨봤다. 담배를 피우는 사람들은 그 엔지니어들에 대해 아주 즐겁게 오래 이야기를 나눴다. 그들이 뭘 하고 갔는지, 둘 중 누가 더 예쁜지, 남자 친구는 있는지 등까지 얘기했다.

여자 엔지니어가 입방아에 오르내리는 게 하루 이틀은 아니지만 가장 기분이 묘해지는 때는 '여자였는데'라는 말을 들을 때다. "××에서 엔지니어가 왔는데 걔는 진짜 뭐 아는 게 없더라. 여자였는데…" 같은 식이다. 말하는 사람이 굳이 성별을 언급하지 않을 때도 누군가는 "여자야?"라는 질문을 던진다. 여자 엔지니어들에게는 늘 사족으로 따라붙는 말이다.

실력이 별로거나 일을 잘 못하는 엔지니어의 모습에 여성의 라벨을 붙이는 일은 개방적인 문화를 가진 업무 환경에서도 빈번하게 발생한다. 이건 단순히 기분 나쁜 일 정도가 아니다. "그런 말을 하는 사람이 이상한 거지"라고 넘어갈 일도 아니다. 긍정적인 여성 롤모델은 절대적으로 부족한데 부정적인 모습들만 '여성'이라는 이름으로 축적되고 있기 때문이다. 한때는 롤모델이 전혀 의미가 없는 허상이라고 느꼈다. 그래서 부정적인 모습들을 여성으로 치부해도

'나는 그런 사람들과 전혀 다르니까 나만 잘하면 되는 거야. 사람들 말에 신경쓸 필요 없어'라는 생각을 하고 말았다. 하지만 이런 말들은 나도 모르는 사이에 내 두 발을 붙들고 나아가지 못하게 한다.

거침없고 목적 지향적이었던 나는 언젠가부터 '다른 사람들이 뭐라고 생각할까?' '내가 할 수 있을까?'를 생각해야 했다. 이런 생각은 리쿠르터에게 연락을 받고 이직 준비를 할 때 극에 달했다. 태어나서 처음으로 코딩 테스트라는 것을 봐야 하는 상황이었다. 실무 개발은 어느 정도 할 수 있었지만 부끄럽게도 알고리즘은 전혀 몰랐다. 몇 년에 걸쳐 공부하고도 따로 과외까지 받는 게 알고리즘이라던데, 개발을 시작한 지 얼마 되지도 않은 비전공자인 내게 알고리즘이 쉬울 리는 없었다. 합리화를 최대한 걷어내고 객관적으로 생각해봐도 어려운 상황이었다. 나는 생각했다. 나는 원래 안 될 애였어. 여기까지 온 것만으로도 다행이라고 생각해야 돼. 재능도 없는데 입만 살아서 떠들기만 한 거야. 당시내가 느끼던 좌절은 도를 넘는 것이었다.

누가 내 한정된 작업기억에 오버헤드를 발생시키나

사람은 그냥 해봐야 강해진다. 어떤 어려운 상황이 닥쳤을 때 '그냥 해보지, 뭐'라고 생각하며 최선을 다할 수 있는 힘과 용기야말로 강함이다. 그래서 나는 스스로를 꽤 강한 사람이라고 생각했다. 그런데 왜 나는 코딩 테스트 앞에서 나락으로 떨어졌을까? 왜 평소처럼 이겨내지 못했을까? 정외과 졸업해서 서버 엔지니어도 하고 개발도 했는데? 모든 걸 다 해놓고서 이직하려 애쓰는 마당에 왜 갑자기? 이직 과정이 버겁긴 했지만 그간 내가 겪어온 것들은 모두 버거웠다. 나는 내가 약해진 이유가 궁금했다. 왜 그냥 하지 못했는지 말이다.

그러다 '고정관념 위협'을 알게 됐다. 고정관념 위협이란 자신이 속한 사회적 집단의 부정적 고정관념에 부응할까 불안해하는 것을 의미한다. 1995년 학계에 최초로 보고됐는데 당시에는 흑인들은 IQ가 낮다는 고정관념이 있었다. 연구진들은 흑인들이 가진 고정관념 위협을 알아보기 위해 명문대 재학 중인 흑인 대학생들을 여러 집단으로 나누고 문제를 풀게 했다. 이때 실험집단에게는 그 문제가 IQ 검사의 일부라고 알려줬고 통제집단에게는 그냥 물어보는 질문이라고 알려줬다. 모두 똑똑한 사람들이었지만 실험집단의 점수는 확실히 떨어지는 경향을 보였다. 다음 실험에서는 시험지 전면에 인종이 무엇이냐는 질문만 배치했을 뿐인데도 점수가 떨어졌다.

고정관념 위협은 왜 발생할까? 현재까지는 고정관념을 상기하는 과정에서 불필요한 정신적 처리를 하느라 주어진 과제에 집중하지 못하게 된다는 것이 가장 유력한 가설이다. 인간은 외부 정보 처리를 할 때 단기적으로 작업기억이라는 것을 사용하는데, 작업기억은 한계가 있는 영역이라 고정관념 위협 상태에 있는 사람은 이 한정적인 자원의 일부분을 사실상 못 쓰는 상태가 되는 것이다.

나는 뭔가 전환하려 할 때마다 늘 고정관념 위협을 받고 있었다. 눈을 크게 뜨고 둘러봐도 여자는 존재 자체가 한 줌이었다. 내가 뭔가 하려고 하면 쏠리는 지나친 관심, 숨 쉬듯 접하는 성차별적인 발언들, 회식 메뉴를 정하는 사소한 일에도 "남자는 고기지!" 따위의 의미도 없고 필요도 없는 말들이 쌓여 나를 피로하게 만들었다. 생활에서 만나게 되는 작은 말들과 행동들이 얼마나 성차별적인가를 매일 생각하는 건 고역이었다. 당황스러운 상황을 마주하면 '내가 주니어라서 이런 걸까 여자라서 이런 걸까? 여기서 잘못하면 되게 멍청한 여자 같지 않을까?' 같은 생각을 하게 됐다.

나는 스스로 이런 말들이 나를 강하게 하는 '동력'이라고, 결국에는 다 밟고 일어서겠다며 정신승리를 했지만 사실은 남들보다 더 적은 작업기억을 풀가동하며 살아온 것이다. 어느 한켠에 차곡차곡 쌓이던 부정적인 여성의 모습들은 '어쩌면 내가 그럴지도 몰라'라는 생각으로 너무 쉽게 이어졌다. 그래서 한계에 달했을 때 페달을 놓고 쉰 다음 다시 돌리는 것이 아니라 그냥 자빠져버렸다. 조금만 더 분발하면 될 일 앞에서 더 쉽고 더 잘게 박살나버린 것이다.

"걔 얼굴 예뻐서 뽑힌 걸 거야, 분명히"

이런 맥락에서 보면 여성 엔지니어들은 남성 엔지니어들에 비해 상대적으로 더 취약한 상황에 있다. 이직 시장에서는 더 그렇다. 안타깝게도 여전히 실제로 "결혼했냐" 내지는 "결혼 계획 있냐"라는 질문을 하는 면접관들이 있기 때문이다. 피와 목청이 함께 터지는 치열한 기술 면접을 넘고, 뭘 해봤냐는 의심의 눈초리와 결혼의 시험까지 모두 넘어 오퍼레터를 받아도 상황은 나아지지 않는다.

　같은 조직에 있던 여성 엔지니어 한 명이 이직을 했다. 그는 사실상 거의 한 팀을 책임진다고 해도 과언이 아닐 정도로 퍼포먼스를 냈고 밤샘과 주말 출근에서는 둘째가라면 서러운 사람이었다. 당연히 실력도 있었다. 그가 업계에서 인터뷰 과정이 힘들다고 유명한 회사로 이직한다고 했을 때 나는 인정의 박수를 쳤다. 그가 떠나는 것은 아쉽지만 그를 위해 잘된 일이고 축하할 일이라고 생각했기 때문이다.

　그가 회사를 떠나고 난 뒤 충격적인 얘기를 전해 들었다. 그가 있던 팀에서 "걔 얼굴 예뻐서 뽑힌 걸 거야, 분명히"라는 말을 하고 다닌다는 거였다. 경악을 금할 수 없었다. 그 팀에는 일을 제대로 하는 사람이 없어서 사실상 떠난 사람 혼자 일을 했다고 할 수 있을 정도였기 때문이다. 그 이야기가 여기저기 퍼져 물리적으로 떨어져 있던 내게까지 들려오는 과정에서 그의 실력, 열정, 커리어에 대한 포부는 온데간데없이 사라져버렸다. 그저 그의 '예쁜 얼굴'만 남았다. 눈물 쏙 빠지는 과정을 거쳐 마침내 시장에서 능력을 인정받아도 여자는 엔지니어가 아닌 여자로 남는 것이다.

　비슷한 맥락에서 내가 겪은 일도 있다. IT 업계는 대체로 남초 조직인데 한때 있었던 회사에서 유독 주니어 레벨 팀인 우리 팀만 나 포함 전원 여자였던 때가 있었다. 그러다 내 뒤를 이어 남자 한 명이 추가로 채용됐다. 팀의 채용 매니저는 남자를 훨씬 더 편하게 생각하는 남성중심적인 사람이지만 엔지니어로서의 기준과 조직이 필요로 하는 사람에 대한 정의는 명확했다. 정말 공정하게 자신의 기준에 부합하는 사람만 뽑았기에 이전까지는 누구도 채용 결과에 반감을 드러내거나 짓궂은 농담을 하는 일이 없었다. 그런데 남자 한 명이 뽑히자 사람들이 농담을 하기 시작했다. "저 팀 매니저는 여자만 뽑잖아. 이번에 들어온 남자는 여자만 뽑는 매니저 눈에 들어올 정도로 대단한 사람인가 보네." 팀의 성별 분포가 한쪽으로 쏠려 있는 게 문제라고 생각할 수는 있다. 그런데 조직 자체의 남초 현상은 왜 어느 누구도 농담 삼아서라도 지적하지 않았을까?

그래도 그만두지 말기

많은 책에서 "당신을 여성 중 한 명이 아닌 독특한 가치를 가진 나 자신이라고 생각하세요" 같은 조언을 한다. 하지

만 주니어이자 여자이자 엔지니어인데 페미니스트이기까지
한 나는 그렇게 생각하는 게 어렵다. 주니어라서 응당 거쳐
야 하는 일들에서도, 시니어들의 조언에서도 불필요한 불편
함을 느낀다. 멘토라고 생각해서 좋은 관계를 유지하고 싶
은 남자 상사에게 연락하는 것이 혹시 다른 의도로 읽히지
는 않을까 고민된다. 다른 남자 주니어들이 어떻게 하면 더
좋은 개발자가 될 수 있을지만 고민할 때, 나는 거기에 더해
여자로서 내 정신을 챙기기까지 해야 한다.

여성이 고정관념 위협을 받는 상황은 IT 업계에서 계
속될 것이다. 나도 버텨내고 있는 것인지 이겨내고 있는 것
인지는 잘 모르겠다. 그래도 아직은 재미있으니 지지 않고
계속해보려 한다. 이 책의 전신이 된 내 브런치의 거의 모든
글은 "그래도 계속해보겠다"는 맥락을 담은 말로 맺는다. 나
는 정말 계속할 거다. 각자의 자리에서 분투하고 있는 다른
사람들도 그랬으면 좋겠다. 모두의 건투를 빈다, 진심으로.

여자가 일하기 좋은 회사라는

개소리

일하면서 "여자라서 이런 거는 잘 모르겠지?"라는 말을 심심찮게 들었다. 나와 비슷한 연차의 다른 여자 동료는 술자리에서 처음 만난 동료에게 "아가씨" 소리까지 들어야 했다. 놀랍게도 당시 나는 모두가 '여자가 일하기 좋은 회사'라고 말하던 곳에 다니고 있었다. 대외적으로도 여자가 일하기 좋은 회사로 손꼽히는 곳이기도 해서 입사하던 날부터 이야기를 계속 들었다.

남자인 내 매니저에게 내가 겪는 성차별에 대해 이야기

했던 적이 있다. 그는 "그럼에도 불구하고 여기는 여자가 일하기 좋은 회사"라는 말을 할 뿐이었다. 그는 솔직히 다른 회사들에 비해 여자가 일하기 좋은 건 사실 아니냐고 말했다. 나는 매니저의 이야기가 '여자가 일하기 좋은 회사'의 단적인 모습을 보여준다고 생각했다.

그 회사가 '여자가 일하기 좋은 회사'라는 소리를 들었던 이유는 뭘까? 첫째, 출산휴가와 육아휴직이 자유롭다. 둘째, 여성 리더를 적극적으로 양성하려 한다. 그런데 정말 이 두 가지만 있으면 여자가 일하기 좋은 회사인 건가? 여자가 일하기 좋다는 것은 이런 뜻인가?

출산휴가와 육아휴직을 쓸 수 있기 때문에 남자에게 좋은 회사라는 말을 들어본 적이 있나? 나는 태어나서 한 번도 들어보지 못했다. 이런 이유 때문에 여자가 다니기 좋은 회사라는 건 출산과 육아가 곧 여성의 역할이라고 규정하는 것과 다르지 않다. 바꿔 말하면 남자가 가사노동을 '도와준다'고 하는 것과 마찬가지인 것이다. 백 번 양보해서 넘어간다 치자. 그럼 비혼을 선택한 여성들은? 그들에게도 이 회사가 다니기 좋은 회사일까? 그냥 '편하고 자유로운 회사'라고 하면 되는데 굳이 왜 '여자'가 일하기 좋다고 하는 걸까?

4B(비연애·비성관계·비혼·비출산) 권하는 사회에서 이 정도면 괜찮은 회사 아니냐는 말은 사양하고 싶다. 그런 식이면 세상은 바뀔 리가 없다.

내가 들었던 말 중에 "여성 리더를 얼마나 키우느냐가 매니저의 KPI인데, 이 정도면 역차별 아니야?"라는 말도 있었다. 얼핏 들으면 굉장히 설득력 있는 말이다. 실제로 내가 다녔던 회사 중 한 곳에서는 같은 수준의 퍼포먼스면 여자가 먼저 승진한다. "올해 여성을 몇 명이나 승진시켰어?"라는 식의 KPI가 있으니까.

'Women Council'이라는 것도 있다. 여자들이 일하기에 더 좋은 회사가 되기 위한 활동들을 기획하는 여성들의 모임인데 아무나 가입할 수는 없다. 부서에서 촉망받는 여성 리더들만 들어갈 수 있고 사실상 여기 속한 사람들은 출셋길이 열렸다고 할 정도로 많은 기회가 주어진다고 한다(나도 소문만 들었다). 이 정도면 회사가 작정하고 여자들을 밀어주는 것처럼 보인다.

일하는 현장에서도 그럴까? 면전에서는 "역차별이야"라는 진담 섞인 농담을 던지고 뒤로는 여자라서 빨리 승진

했다고 비아냥댄다. 주니어들에게는 "너도 여자니까 열심히 해"라는 조롱인지 격려인지 모를 말들이 쏟아진다. 승진한 여성들의 권력에 대한 챌린지 역시 존재한다. 내가 있었던 어떤 팀은 오랫동안 팀장이 남자였는데 언젠가 여자가 된 적이 있었다. 그가 팀장이자 매니저가 된 지 얼마 안 됐을 때 팀 송년회가 있었다. 그는 매니저가 되고 나서 보낸 시간의 소회를 얘기한 뒤 팀원들에게도 올 한 해가 어땠는지 물었다. 그러자 저편에 있던 남자 부장이 "뭐 그런 걸 합니까?" 라면서 그를 완전히 무시하고 건배나 하자고 했다. 그 남자 부장은 남자 팀장의 말은 당연히 잘 들었고 회식을 할 때는 늘 조용히 있는 사람이었다.

회사의 제도? 좋다. 제도는 최후의 보루로서 그 뒤로는 후퇴하지 않겠다는 의지를 표명한다는 점에서 의미가 있다. 실제로 그 의지 안에서 보호되는 권익들도 있다. 그렇지만 그에 준하는 문화가 형성되지 않는다면 승진을 시켜주는 게 무슨 의미가 있는 걸까? 구성원들은 타당한 이유도 없이 여자들을 깎아내리지 못해 안달인데 말이다. 제도가 보장돼 있다고 여자가 일하기 좋은 회사가 되지는 않는다.

사실 '여자가 일하기 좋은 회사'라는 말 자체가 여자가 일하기 좋은 회사가 아니라는 반증이다. 능력을 보여주고 성과를 창출해 회사와 개인의 성장을 견인해야 하는 현장에서, 특정 성별에게 좋은 회사라고 표현하는 것은 그 특정 성별의 입체성을 완전히 삭제하고 지나치게 일반화화기 때문이다. 그럼 정말로 여자가 일하기 좋은 회사가 되려면 어떤 조건이 갖춰져야 할까?

여성의 절대적인 수가 더 많아져야 한다

더 넓은 풀에서 더 많은 여자가 각자의 생애주기를 거치면서도 전문가로서 계속 발전하는 생태계를 만들어주는 회사가 여자가 일하기 좋은 회사다. 그러려면 여자가 정량적으로 많아야 한다. 이건 회사에서 제도적으로 뒷받침해줘야 하는 부분이고, 마음만 먹으면 할 수 있는 부분이다.

어쩌면 당연한 얘기지만 가장 필요한 것이기도 하다. 나 포함 내 주변 많은 여성이 겪는 어려움 중 하나는 2~3년 정도 앞서 가고 있는 같은 처지의 다른 여성들이 없다는 점이다. 조금씩 여성 임원이 나오는 걸 보니 뭔가 할 수는 있을 것 같은데, 지금 당장 눈앞의 어려움을 어떻게 헤쳐나가야 하는 건지 알려줄 사람이 없다. 이걸 어떻게 극복하고 있는 건지 알고 싶은데 그런 사람들이 보이지 않는다. 안 그래도 없는 동료 여자들 중 일부는 출산과 육아를 겪으며 커리어에서 이탈하게 된다. 그럼 수는 더 줄어든다.

여자를 많이 뽑는다 해도 그들이 버틸 수 있는 환경이 아니라면 말짱 도루묵이다. 여자가 일하기 좋은 회사라면, 결혼과 출산으로 인한 생애주기적 변화를 지원하는 데 그치지 않고 직장 내 '전문가'의 관점에 우선해서 접근해야 한다. 직장에서 경험하게 되는 전문가로서의 라이프사이클을 상정하고, 이에 따른 리더십 교육이나 네트워킹, 멘토링, 외부 강좌 등을 제공해야 한다. 일·가정 양립에서 멈추지 않고 앞으로의 일에 대한 지원을 해야 한다는 말이다.

어떤 사람이 여자로서 소환되지 않아야 한다

IBM의 전 CEO 지니 로메티Ginni Rometty는 "나는 당신이 누구인지 관심 없다, 당신이 우리 조직에 있을 능력이 증명되었다면"이라고 말했다. IBM은 지금껏 다양성diversity을 회사의 핵심 가치로 내세웠고 이를 회사 이미지로 활용해 브랜딩해왔다. 그런데 지니의 말은 이제 IBM이 다양성, 즉 개인의 속성에 중심을 두는 조직이 아닌 아닌 포용력 있는 조직으로 거듭나겠다는 것을 의미했다. 쉽게 말하면 한 개인이 여자든 남자든 LGBTQ든 애초에 직장 내에서는 그 존재로 불려서는 안 된다는 것이다. 하지만 실무 현장에서 여성들은 끊임없이 여성으로 소환된다. 아래는 일하는 환경에서 맥락 없이 여성으로서 호출되는 경험에 대한 기사의 일부다.

> 암호화폐 거래소의 전략기획을 맡고 있는 정하얀(가명) 실장은 최근 해외 프로젝트 팀과의 회의 도중 아찔한 경험을 했다. 업무의 특성상 해외 프로젝트 팀과의 화상채팅이 자주 있는데, 어느 날 문득 화면을 보니 수십 명 중 본인 혼자만 여자라는 사실을 발견했다. 발언할 때마다 이목이 쏠리고, 말에 대표성이 얹어지는 듯해서 순간 말문이 막혔다고. "저는 그냥 저로서 일하는데 갑자기 일터에서 여성으로 소환당하는 거랄까요. 아무래도 위축되기 쉬워요."[**]

[*] 김지윤, "'여자라서 이해하기 힘들 거야'… '블록체인 언니들' 리얼 생존기", 〈블록체인프레스〉, 2018. 12. 10.

나 역시 회사에서 나 개인의 사회적 위치와 역할과 관계없이 불쑥 여성으로서 홀로 서 있다고 느낄 때가 많다. 여성이 소수인 IT 업계에서는 더더욱 나와 같은 경험을 하는 사람이 많을 것이다. 소위 '여자가 일하기 좋은 회사'가 되려면 함께 일하는 동료를 여자라고 인식하지 않는 데서부터 출발해야 한다.

만약 내가 회사에서 이런 얘기들을 한다면 사람들은 이런 회사가 어디 있냐고, 내가 바라는 게 너무 많다고 할 거다. 그렇지만 뭔가를 꿈꾸지 않는다면 현재에 멈춰 있을 수밖에 없다. 우리는 우리에게 주어지는 옵션들에 만족하면 안 된다. '여자가 일하기 좋은 회사'에 대한 사회적 인식을 다시 생각해보고 여기에 상상력을 더하는 시도를 멈추지 않아야 한다. 그래야 나아갈 수 있다.

외국계 회사에서

여자로 일하기

거의 모든 외국계 회사가 추구하는 가치에는 다양성(Diversity & Inclusion, D&I)이 있다. 기업이 장기적으로 성장하려면 문화적 다양성이 반드시 필요하기에 그 일환으로 인종과 성별에 관계없이 오로지 개인의 능력만을 기준으로 공정하게 채용해 능력을 발휘할 수 있는 환경을 만들겠다는 의미다. 2015년 맥킨지McKinsey 및 여러 연구 결과에 따르면 조직 내 직원들의 성별과 인종이 다양할수록 사업성과지표가 좋아졌다고 한다. 성별 다양성이 우수한 상위 25퍼센트 회사는 전국 산업체 대비 15퍼센트 더 높은 성과를, 인종 다양성이 우수한 상위 25퍼센트 회사는 35퍼센트 더 높은 성과를 기록했다.*

다양성이 확보된 팀의 사업 결과가 증명되기도 했지만 '차별하지 않는 고용주equal employer'가 되라고 압박하는 사회적 분위기도 한몫하고 있다. 그래서 우리나라에 지점이 있을 만큼 큰 외국계 회사들은 D&I만 전담하는 부서가 있을 정도다.

외국계 회사에서 일해보니 D&I가 중요하긴 한데 다들 이걸 어떻게 해나가야 할지 감을 못 잡고 있는 것 같다. 여전히 경영진들, 회사 컨퍼런스 발언자 등은 모두 백인 남성이다. 회사 소개서에도 백인 남성뿐이다. SNS에서는 회사들이 인종차별과 성차별을 한다고 비난한다. 이런 상황을 무마하려 회사가 쉬운 선택을 하는 것처럼 보일 때도 많다. 그냥 다르게 생긴 사람을 채용하거나 승진을 시키는 걸로 빠르게 해결하는 것이다.

내가 아는 어떤 회사는 여자 직원이 정말 한 줌이다. 하

---

* Vivian Hunt·Dennis Layton·Sara Prince, ⟨Diversity Matters⟩, McKinsey& Company, 2015. 2. 2.

지만 회사 SNS와 홍보 자료에는 여자들 얼굴만 실려 있다. 그것만 보면 여자가 정말 많은 것 같다. 아르와 마다위Arwa Mahdawi는 이런 현실을 풍자해 가상의 서비스 'Rent-a-Minority'를 만들었다. D&I를 하는 회사들에게 다양성을 갖췄으면서도 그들의 심기를 거스르지 않는 인재들을 보여주는 것이다. 화난 페미니스트가 아닌 분위기를 밝게 만들어줄 명랑한 여자 직원, ISIS를 지지하지 않는다고 인증된 무슬림 여성, 기술 컨퍼런스용 흑인 남성… 사실 처음에는 실존하는 서비스라고 생각해 정말 세상이 말세라고 생각했다. 너무 현실적인 문제라 조금 정신 나간 사람들이 실제로 만들 법한 사업이었기 때문이다. 아르와에 의하면 가상의 서비스지만 실제로 꽤 큰 회사들이 문의를 했다고도 한다.

여기서 쓸 나의 D&I 관련 경험은 성별 관점에서만 다룰 수밖에 없다는 것을 먼저 밝힌다. 한국에 있는 외국계 회사들은 조직 구성원의 99퍼센트가 한국인으로만 구성돼 있기 때문이다. 한계가 있긴 하지만 D&I를 하던 회사들에 다니며 관찰한 결과 안 하느니만 못할 때가 많았던 것 같다.

전에 다녔던 회사는 D&I가 상당히 발달돼 있었다.

D&I 관련 프로젝트들은 대개 각 조직 리더들의 지원을 받아 HR팀이나 D&I 전담팀에서 수행한다. 그럼 꼭 우리 같은 사원들에게 강제로 한 시간짜리 강의를 듣게 했다. 사람들은 HR팀에서 또 쓸데없는 짓을 한다고 혀를 끌끌 차며 강의를 틀어만 놓고 다른 짓을 했다. 나도 비슷하게 생각했다. 대체 이런 쓸데없는 일은 누가 만드는 거야, 하고 말이다.

그런데 다른 회사에는 이마저도 없었다. 내가 상부에 관련 안건을 보고했을 때에야 강제 교육이 생겼다. 쓸데없다고 생각했던 교육이 사실은 누군가 "이대로는 못해먹겠으니까 좀 제대로 고쳐"라고 말한 결과였던 것이다.

이런 것들이 다양성을 피상적으로 찍어 눌렀을 때 만나게 되는 현실이다. 이 말을 더 잘 이해하려면 다양성diversity과 인클루전inclusion이 어떻게 다른지를 알아야 한다. 다양성은 좀 더 물리적인 개념으로 조직에 유색인종, 여성 등이 몇 명인지, 이들을 얼마나 승진시켰는지가 지표로서 작용한다. 이에 비하면 인클루전은 측정하기가 좀 어렵다. 조직에서 일하는 유색인종과 여성 등이 자기효능감과 만족감을 느끼는지, 조직에 잘 정착해서 성과를 낼 수 있는지 등을 의미하기 때문이다.

나처럼 야망과 열정이 있는 여자들은 공허한 다양성만 존재하는 회사 혹은 그조차 없는 회사에서 어떻게 살아야 할까? D&I를 위해 소매 걷어붙이고 나서면 일은 안 하면서 나댄다거나 기 세다는 얘기를 들을 게 뻔하다. 그래도 뭔가 해야 나 다음에 올 사람들은 좀 더 좋은 환경에서 일할 수 있지 않을까 싶어 늘 괴롭다. 거의 매일 '이 조직에 변화를 일으켜서 여자들이 일하기 좋은 곳을 만들겠어'라는 대범한 열망과 '아, 그냥 내 일이나 잘하자'라는 소극적인 태도를 오가며 산다. 그래서 나는 조금만 대범한 소시민이 됐다. 내 일을 열심히 하지만 내 자리에서 낼 수 있는 목소리도 내려 한다.

간혹 외국 리더들과 1대1 미팅을 할 때가 있다. 그들은 내게 힘든 점이 있냐고 물어본다. 공교롭게도 그들은 100퍼센트 백인 중년 남성이었다. 내가 조직의 성차별적인 면을 얘기하면 그들은 나는 전적으로 네 편이라고, 네가 아이디어를 주면 적극적으로 지지하겠다고 얘기했다. 그러면서 내가 얘기해볼 수 있는 여자 리더들을 소개해줬다. 한번은 꽤 직접적으로 일하는 상사 중 한 명이 외국인인 적이 있었다. 일하는 동안 느꼈던 성차별적인 면모를 말하기 위해 그를 만났다. 나는 회사가 좋아서 오래 다니고 싶은데 만약 떠나게 된다면 이런 모습 때문일 것 같다고 말했다. 그는 내게 떠나지 말라고, 바꿔나갈 수 있게 자신에게 아이디어를 달라고 했다. 그 역시 다른 여자 리더들과의 미팅을 주선해줬다.

이럴 때마다 나는 '그럼 그렇지'라는 생각이 든다. 아마 그들 입장에서는 최선을 다한 것일지도 모른다. 본인들은 백인 남성이라 소수자들이 겪는 차별과 불편이 뭔지 모를 거고, 그래서 그걸 이해해줄 수 있는 사람을 소개해주는 걸 수 있다. 이해는 하지만 기운이 빠진다. 화도 났다. 나는 회사에서 여자라는 정체성을 가진 최고성과자 위치를 유지하기 위해 이미 너무 많은 에너지를 쓰는데? 세상을 뚫고 지나가며 견뎌야 하는 건 나 자신인데, 무슨 말을 해야 할지도 모르겠는 사람들을 만나서 조직 내 성차별을 완화할 수 있는 아이디어를 주라고? 진짜 너무한 거 아니야? 내 에너지가 무한이라고 생각하는 거야? 이렇게 쉽게 회사가 '좋은 곳'이 될 거라고 믿는 건 너무 나이브한 거 아냐?

나는 소개받은 여자 리더들과 약속을 잡지 않았다. 어느 순간부터 그들에게서 답을 구할 수 있을 거라는 기대가 생기지 않아서였다. 그들이 생각한 것만큼 에너지가 넘치고 강하지도 않았다. 나는 그냥 내 자리에서 1등이 되기 위해 노력할 뿐이다.

성공한 여자들의 이야기를 들어보면 여자로서의 정체성이 드러나지 않는 경우가 많다. 내가 만났던 많은 여자 리더는 특별히 여자라서 차별받은 적이 없다고 말했다. 이 자리까지 오는 건 남자든 여자든 힘든 일이라고도 덧붙였다. 이런저런 일들을 겪어보니 어떤 과정을 거쳐 여자라는 정체성을 지우는지, 어떻게 성공한 여자들이 등장하게 되는지 이제는 이해가 된다.

그들이 한창일 때는 SNS도 없었고, 그런 게 없으니 성차별에 대한 폭로도 없었다. 여성에게만 부과되는 과중한 성역할도 문제가 되지 않을 때였다. 할 수 있는 건 이를 악물고 해내는 것뿐이었다. 지금의 나처럼 여러 좌절을 겪다 보니 결국 개인의 성공에만 초점을 맞췄을 것이다. 그러니 성차별 같은 것에 신경쓰면서 살 수는 없었을 거고 점차 여성으로서의 정체성을 지우게 되지 않았을까. 뭐, 그들이 공개하지 않은 그들의 인생을 내가 정확히 알 길은 없지만.

회사 생활 내내 여자 리더들을 유심히 관찰한 결과 나

는 그들이 여성이라는 정체성을 드러내지 않는 이유에 대한 두 가지 가설을 세웠다. 하나는 여성이라 차별을 받았다는 것이 약점이 될 거라 생각해 사전에 차단하는 것이다. 그들이 지금의 나처럼 성취에 미쳐버린 사람들이라면 자존심도 대단히 강할 것이다. 여자라서 쉽게 올라간 것 아니냐는 대꾸하기도 싫은 질 나쁜 농담을 마주하기 싫을 거고, 자신이 해온 노력을 조금이라도 평가절하 당하고 싶지는 않을 것이다. 게다가 리더들은 강해야만 한다. 성폭력 생존자, 집안일 해야 하는 여자, 남자보다 체력적으로 약한 여자라고 인식되는 순간 팀을 통제하지 못할 거라는 두려움이 있을 것 같다. 슬프게도 자본주의 사업장은 여성성이라는 것이 거세된 공간이니까.

다른 하나는 그들이 남성중심 사회에 '과적응'해버렸다는 것이다. 과적응이라는 말이 처음 크게 와닿았던 때는 이나리 헤이조이스 대표의 강연을 들었을 때였다. 모든 열정을 쏟아부어 치열하게 일했던 그는 남초 사회에 편입하려 최선을 다했고 너무 남자처럼 지내서 화장실까지 같이 들어갈 뻔했다는 농담도 했다. 그러다 그는 본인이 여성으로서의 자신을 거의 모두 지우고 과적응해서 살고 있었다는 것을 깨달았다고 했다. 아마 많은 여성 리더가 이런 식으로 여자로서 겪은 불편한 경험을 의식적으로 삭제한 게 아닐까 싶다.

여성 리더들을 보고 있으면 자연스레 이 허울 좋은 세계에서 나는 어떤 사람이 돼야 하는지 생각하게 된다. 많은 친구가 파이어(FIRE, Financial Independence Retire Early)와 창업 등 대안적인 삶을 탐색하고 있지만 나는 아직은 회사에 더 다니고 싶다. 정말 별수 없는 노예인가 싶지만 회사에서 일하는 게 좋기 때문이다.

이렇게 지내다 보면 회사의 다양성 사업의 일환으로 좋은 자리에 빨리 갈 수 있게 될지도 모른다. "동양인인데 여자라니! 이렇게 보여주기 좋은 직원이 어디 있어!"라는 소리를 들으며 말이다. 하지만 나는 인클루전 전도사는 못 될 것 같다. 자기효능감과 만족감이 넘치기엔 내 안에 품은 의문이 너무 많아서다. 기술 컨퍼런스에서 마이크를 잡는 것은 왜 늘 남자인지, 컨퍼런스를 가능하게 해주는 수많은 손발은 왜 대개 여자인지, 나도 출세 좀 하고 싶은데 왜 남자 상사와 밥 한번 편하게 못 먹는 건지….

소리내서 말하지 못한 것들을 품고 있지만 나는 끝까지 내가 원하는 회사에서 웃는 얼굴로 성공할 것이다. 어떻게든 살아남아 내가 여자라서 지나야 했던 많은 일을 삭제하지 않을 것이다. 내가 일상적인 성차별 발언들을 얼마나 견디며 이 자리에 왔는지, 동양인 여자라는 이유로 위축될 수밖에 없는 상황이 얼마나 많았는지 꼭 말할 것이다. 무력해질 때마다 기록하고 세상에 내보일 것이다. 일하는 여자로서 나의 최저 방어선은 여기다.

여자를
───────────────────────── **미워해도 될까?**

일터에서 여자로서 겪는 어려움이 많기에 모든 여자를 응원하게 된다. 진심으로 그들이 성공하기를 바라고 그들과 멋진 일을 해나갈 수 있었으면 한다. 선택적 박애주의라고 할 수 있을 만큼 나는 그들을 여자라는 이유로 좋아한다. 그렇지만 일을 하다 보면 미워할 수밖에 없는 여자들을 만나게 된다. 진짜 왜 저러지? 정말 저렇게밖에 못하나? 싶은 여자도 있다. 같은 여자를 갈아넣어 본인의 위상을 지키는 여자도 있다. 이럴 때면 정말 괴로워진다.

못된 남자들만큼이나 그들이 미운 나머지 정말 내 인생에서 빠져줬으면 좋겠다는 생각을 한다. 안 그래도 회사에 여자도 몇 명 없는데 여자 전체에 먹칠하지 말고 세상에서 사라졌으면 좋겠다는 생각도 한다. 미디어에 등장하는 여자들의 다양한 욕망은 반갑고 이입도 잘되는데 내 주변 여자들을 이해하는 건 너무 힘들다.

내 매니저가 여자였던 적은 딱 한 번이다. 매니저 A를 만났을 때 나는 신입사원이었고 팀원 전체가 남자였으니 처음으로 같이 일해본 여자였다. A도 매니저는 처음이었는데, 주변 이야기를 종합해보면 원래 팬보다는 안티가 많은 사람이었다. 열정이 넘치고 송곳 같은 돌파력을 가진 사람들이 으레 그렇듯 다른 매니저들이나 동료들과 부딪히는 일이 꽤 있었다고 한다. 그런 일들은 거의 10년 전 일이었는데도 여전히 그를 싫어하는 사람이 많았다.

이전 매니저도 A를 격렬히 싫어했기에 나도 좋게 볼 수는 없었다. 안 좋은 편견을 갖고 함께 일을 하게 됐는데 역시 그의 열정은 대단했다. A가 내게 요구한 것들 중 몇몇은 타당했지만 몇몇은 엉뚱하고 과했다. 다른 팀 사람들조차 코웃음 치는 일을 시키기도 했다. 또 매니저로서는 A도 신입이었기에 팀원들과 가까워지려는 여러 시도들도 너무 애쓰는 것처럼 보여서 어쩐지 더 거부감이 들었다.

나는 동기들에게 이전 매니저를 욕하던 것처럼 A 욕을 했다. 이래서 싫고 저래서 싫다고. 그러자 동기들은 "아, 그 아줌마?"라면서 욕을 섞어 말했다. 그때 나는 남자들에게 동료든 상사든 여자 욕은 하지 않겠다고 다짐했었다. 아무리 나를 힘들게 하더라도 그가 여자라면 혼자 안고 가겠다고 말이다.

그런데 일을 하다 보니 도저히 그렇게 못하는 순간들이 찾아왔다. 나의 선택적 박애주의에 금이 갔던 것이다. 일적으로 부딪힐 일은 없지만 자리가 가까워 친하게 지냈던 B가 시작이었다. 그도 평이 그렇게 좋은 사람은 아니어서 여자는 무조건 안고 간다는 내 보호 심리를 자극하던 사람이었다. 또 실제로 얘기해보니 괜찮은 사람 같았다. 나는 그와 근무 시간에 땡땡이를 치거나 개인적인 얘기도 스스럼없이 하는 친한 사이가 됐다.

그러다 B가 PMproject manager 역할을 하는 프로젝트에 합류하게 됐다. 원래 친하게 지내던 사람이랑 같이 일을 하니

편할 거라고 생각했지만 일로 부딪힌 B는 최악이었다. 근무 시간에 뭘 하는 걸까 궁금할 정도로 정말 아무것도 하지 않았다. B와 같이 놀 때는 그가 하는 일이 너무 많아 스트레스를 받는 사람인 줄 알았는데 같이 일해보니 스트레스를 받을 만한 일은 아예 맡지 않는 사람이었다. B가 하지 않는 일은 전부 내 몫이 되었다.

사실 이게 다였다면 꾹 참고 넘어갔을 것이다. 하지만 B의 태도는 정말 참을 수 없었다. 프로젝트를 하다 보면 너무 당연하게도 고객이 원하는 것을 못해주는 상황이 벌어진다. 그럴 때는 미팅에서 책임감 있게 사과를 한 뒤 무슨 대처를 해야 하는데 B는 아무 말도 하지 않고 다른 팀원이 해결해주기를 기다렸다. 누군가가 나서 해결한 뒤 미팅을 끝내면 B는 꼭 못해먹겠다는 말을 했다.

결국 B의 전화를 받고 싶지도 메시지에 답장을 하고 싶지도 않을 정도로 B가 싫어졌다. 매니저에게 시키는 건 다 할 테니 다시는 B와 붙여주지 말아달라는 얘기까지 했다. B 때문에 "여자들은 원래 그래"라고 말하는 사람이 있을까 두려웠지만 그때는 내가 너무 괴로웠다. 그의 무능을 보는 게 폭언을 듣는 것만큼이나 괴로웠다. 누군가 내게 B는 어떠냐고 물어보면 차마 좋은 말은 안 나오는데 욕도 못했다. B를 미워하는 마음을 속으로 삭혔지만 내 속은 너무 갑갑했다.

무섭도록 능력 있지만 자신만의 세계에 갇혀 있는 여자를 만난 것도 괴로웠다. C가 그런 사람이었다. 그는 회사의 모든 사람이 인정하는 능력자였다. 온몸을 불사르며 일하는 열정가이자 대단한 기술자였지만 시니어들이 갖춰야 할 어른의 자세는 없었다. 예를 들면 비난 없이 건설적인 피드백을 정확히 주는 것, 조직과 개인의 상황을 잘 이해하고 조언해주는 것, 다른 사람이 많이 모인 미팅에서 본인이 하고 싶은 말과 상대방에게 필요한 말을 구분해서 하는 것 등 말이다.

그는 절대적인 실력자였지만 불필요할 정도로 신경질적인 태도와 상황에 맞지 않는 말로 모두를 괴롭게 했다. '할 말은 하는 쿨한 실력자'라는 스스로의 모습에 취해 있는 것 같기도 해서 더 진이 빠졌다. 그때도 그를 욕하고 싶었지만 욕하지 못했다. 세상이 말하는 '기 센 여자'의 모습이 C인 것 같았기 때문이다. 이 말이 얼마나 기울어진 상황에서 나온 말인지 너무 잘 알고 있어서 더 괴로웠다.

글과 영상으로 배운 페미니즘은 나 개인의 생활을 너무

도 어렵게 만들었다. 많은 점에서 그랬지만 특히 여자 동료와의 관계가 그랬다. 모든 여자를 지지하고 싶은 마음은 나스스로를 옥죄다가 욕심으로 바뀌었다. 다른 여자들도 나처럼 모든 여자를 응원해줬으면, 일터든 생활이든 여성 인권 증진에 관심을 가졌으면 싶었다. 여성을 혐오하는 사람들처럼 다양한 여성의 모습을 인정하지 못하고 여성을 뭉뚱그려 평면적으로 본 것이다.

그때 내가 했던 실수는 혼자 만들어낸 여자 동료에 대한 판타지와 지나친 자기 검열이었다. 미워하는 여자를 한 개인으로 보고 그가 마음에 들지 않으면 그냥 내 갈 길을 가면 되는 건데 나는 그렇게 하지 못하고 스스로를 힘들게 했다. 모든 개인은 서로 다른 맥락 속에서 살아간다. 누구도 나와 같은 생각을 하지 않는다. 그럼에도 모두가 나처럼 생각하길 바라는 것은 상처를 자처하는 길이다.

여성혐오 메커니즘의 본질은 모든 여자를 '여자'라는 공통점 하나로 묶어놓고 그들에게 좋은 것을 멋대로 정의해버리는 것이다. 예를 들면 여자들은 아이를 낳으니 육아휴직을 편히 쓸 수 있는 회사에 다녀야 한다든지, 여자들은 약하기 때문에 어려운 고객사에는 배치하지 않고 한직으로 보낸다든지 하는 것이다. 아주 거친 비교지만 수많은 다양한 여자가 나와 같기를 기대하는 것과 여성혐오의 작동 방식이 뭐가 달랐을까?

　나는 이런 메커니즘으로 스스로를 힘들게 하지는 않을 것이다. 여자를 미워할 수는 없다. 그래서도 안 된다. 일을 하다 보면 싫은 여자들은 계속해서 생기겠지만 그들을 여자가 아닌 개인으로 봐야 한다. A와 B와 C는 되도록 피하겠지만, 나쁜 말들로 그들을 욕하고 싶어질 때면 남들이 아닌 일기장 앞으로 달려가 쏟아낼 것이다. 개인만 싫어하고 여자는 사랑하기 위해 택한 소소한 전략이다.

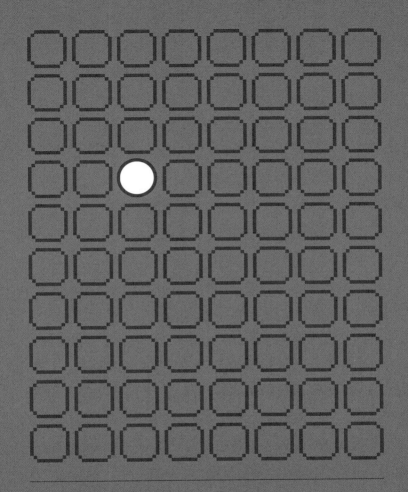

4　　　야망을 품은 성실한 회사원

다시는

열심을 무시하지 말자

부자가 되는 건 바라지도 않았는데 작은 집 하나 마련하는 것마저 사치가 된 세상에 살고 있어서일까? 많이 버는 건 어렵지만 코인과 주식으로 대박난 사람들 때문에 벼락거지라는 말을 듣기는 쉽다. 어떻게 하면 일찍 은퇴할 수 있을지 머리를 맞대고, 경제적 자유를 얻은 사람들은 유튜브 채널에서 본인들의 노하우를 전수한다.

이제 회사를 꽤 다녀서인지, "그렇게까지 열심히 할 필요는 없다"고 말해주던 어른들의 말이 어느 정도 이해가 된다. '왜 저렇게 일을 안 하는 거야?'라고 업신여겼던 상사들이 사실은 가족들을 더 잘 먹여 살릴 방법을 찾고 있었던 걸수도 있겠다는 생각도 든다. 일은 최대한 안 해야 한다고, 그냥 시급이나 계속 올랐으면 좋겠다고 말했던 이전 직장의 누군가도 생각난다.

전세계약이 끝나갈 때가 되면 착실히 사는 게 바보처럼 느껴지기도 한다. 사람들은 하마터면 열심히 살 뻔했다는 말을 하고, 노력의 기쁨과 슬픔에 대해 말하는 책들에서도 노력한다고 해결되지 않는 게 있으니 힘 빼고 살라고 하기 일쑤다. 회사 생활 7년차, 요즘만큼 뭔가를 열심히 한다는 게, 특히 회사 일을 열심히 한다는 게 멋도, 의미도 없이 느껴진 적이 없다.

솔직히 대단한 꿈과 목표가 있어서 열심히 일을 했던 건 아니다. 그래서 누가 내게 왜 이렇게 열심히 사냐고 물어보면 할 말도 없다. 창업한 친구들을 만날 때면 나는 특히 더 작아진다. 그들은 빛을 내며 달리고 있다. 해결하고 싶은 세상의 문제가 있고, 실제로 세상에 멋진 결과물들을 내놓고 직원들 월급도 준다. 자신의 일과 꿈에 대해 이야기하는 그들의 눈은 정말로 빛이 난다.

친구들 이야기를 듣다 보면 어느 순간 내 차례가 온다. 너는 뭘 하고 싶냐는 말에 "일단 지금 하는 일을 잘하고 싶어"라고 답하는 게 어쩐지 멋이 없어 괜히 대답을 얼버무리게 된다. 그럼 나는 얼버무린 나 자신이 또 못나게 느껴져서 집에 돌아가는 길에는 괜히 기분이 안 좋다. 내가 너무 인생을 되는 대로 살고 있는 건가 싶고, 나도 꽤 빛난다고 생각했지만 사실은 잿빛이 된 것 같고, 그냥 회사원에 정착해버린 것 같고…. 내가 도달한 자리에서 사부작대는 나의 이 열심이 하염없이 초라하게 느껴진다.

해외에 살면서 열심히 공부도 하고 일도 하는 친구가 있다. 학교를 다니면서도 경력 관리에 필요한 일은 열심히 하는 친구다. 그 친구가 어느 날 자신의 친구와 있었던 얘기를 들려줬다. 평소 친구가 친하게 지내던 사람이 "나는 머리가 좋아서 굳이 노력하는 스타일이 아니야. 그냥 박사나 해야겠어"라는 얘기를 하면서, 친구가 하는 일들을 단순 돈벌이 취급을 했다는 거였다. 열심히 노력하며 산다는 얘기를 많이 듣는 나도 덩달아 열이 받았다. 내 친구도 머리가 좋지만 열심히 살면서 본인이 하는 일 하나하나 모두 의미를 찾을 줄 아는 멋있는 사람이니까.

이런 일들을 겪다 보면 뭔가 열심히 해내며 사는 것이 참 가성비가 떨어지는 일이라는 생각이 든다. 나는 대개 내 에너지를 쏟아부어 전력투구하지만 종종 그에 합당한 결과를 손에 쥐지 못할 때도 있고, 그 노력이 잘 모르는 사람들에게 쉽게 폄하될 때도 있다. 열심히 사는 성실한 사람일수록 부서지기 쉽다. 강한 것은 부러지고 약한 것은 부서지는데, 성실한 사람은 약해서 부서진다.

최근에 〈콩트가 시작된다〉라는 일본 드라마를 봤다. 할 수 있는 선에서 최선을 다해 살았는데 꿈이나 목표에 도달하지 못하고 어딘가에 불시착해버린 사람들의 이야기다. 모든 인물이 좋았지만 여자 주인공 리호코(아리무라 카스미)의 이야기는 내 억장을 무너지게 했다.

리호코는 잘나가는 대기업에 다니다 그만두고 패밀리 레스토랑에서 아르바이트를 하고 있다. 그냥 곤란해하는 사람들을 도와줬고 이왕 하는 거 최선을 다했을 뿐인데, 리호코는 어느새 문제의 책임을 모두 덮어쓰고 회사에서 고립된 상태였다. 그는 펑펑 울지도 못하고 꾹꾹 눌러 울면서 말한다. "솔직히 지금도 열심히 하는 게 무서워서 대충 할 수 있는 건 대충 하고 있어요. 열심히 하다가 상처 받는 게 무서워서. 그래도 쓸쓸해요. 무언가를 열심히 하려는 마음을 억누르는 날이 올 거라고는 생각도 못했고 열심히 하지 않아도 되는 쪽을 선택한 적도 없었으니까."

리호코를 보니 '내가 너무 바보 같은 걸까? 왜 노력해도 안 되지?'라는 생각을 하며 퇴근만 하면 울던 때의 내가 생각났다. 그래도 나는 나에게, 내 친구들에게, 리호코를 비롯한 〈콩트가 시작된다〉의 모든 인물에게 계속 열심히 살자고 말하고 싶다. 열심히 한다는 것에는 미련한 구석이 있지만, 당장은 보상이 주어지지 않을 수 있지만, 열심히 산다고 당장 집이 생기는 건 아니지만, 그래도 언젠가 반드시 열심히 했다는 경험 때문에 웃는 일은 생긴다. 아주 오랜 시간이 걸릴 수는 있지만 그간 지나온 시간은 단 1분도 허투루 보낸 게 아니었다고, 시간을 낭비한 게 아니었다고 느끼는 순간이 반드시 찾아온다. 그 순간은 어떤 것보다도 확실한 위로가 된다.

기술을 하나도 모르는 신입사원일 때 아저씨들에게 어린애 취급 받으며 깍두기로 사니 자존심이 많이 상했었다. 뭐라도 하고 싶어서 이런저런 의견을 내면 당돌하다는 평가질만 당했다. 서러움이 폭발해 기술을 공부하게 됐을 때는 더 빨리 벗어났어야 했다고, 너무 많은 시간을 통째로 날려버렸다고 생각했다. 그래서 많이 조급했고 불안했다.

이직도 하고 하는 일도 바뀌어 그때를 다 잊고 살았는데, 최근에 낭비해버렸다고 생각하던 신입사원 때 했던 일들을 해야 하는 상황에 놓인 적이 있었다. 나는 누구보다 자신 있게 지금 이 상황에서는 어떻게 해야 한다고, 어떤 계획을 세워야 한다고 말할 수 있었다. 그러고 나니 또 혼자 울컥했던 것 같다. 시간을 날려버렸다고 생각했던 시절, 너무 열심히 살아서 너무 미웠던 과거의 나 덕에 알게 된 것들은 어디 가지 않고 내 안에 있었다. 사는 게 힘들어 가끔 잊어버리긴 했지만 사라지지는 않았다.

예전에 발리 여행을 가서 서핑을 배웠는데, 배우고 보니 서핑이 너무 좋아서 여행 내내 서핑을 했다. 서핑은 일어서는 그 짧은 순간이 너무 즐겁고 짜릿하지만 그렇게 일어서려면 배, 엉덩이, 허벅지 근력이 필요하다. 너무 재미있어서 계속 타고 싶었지만 근력 운동을 일절 하지 않던 시절이라 몇 번만 타면 해변에 누워 쉬어야 했다.

열심히 사는 건 아무에게도 보이지 않는 근력을 기르는 것이다. 근육이 생기기는 하는 건가, 운동한다고 되는 건가, 소용이 있는 건가 싶다. 하지만 서핑처럼 인생의 재미를 더 해주는 순간들을 맞이하려면 열심히 살아온 시간으로 다져 낸 근력이 있어야 한다. 그래야 파도 위에 더 오래 서 있을 수 있다.

내가 존재하는 순간순간을 최선을 다해 살고, 작아도 필요한 일들을 찾아 해내는 성실하고 기계적인 태도. 이렇게 살아낸 시간이 있는 사람은 정말 멋지다. 꿈이나 소명 같은 건 있어도, 없어도 상관없다. 각자의 인생 전략은 저마다 다르다. 물론 타인의 전략을 평가절하 하면서 우월감을 느끼는 사람도 있겠지만 그렇다고 열심히 살아온 시간이 사라지진 않는다. 분명히 '그렇게 살기를 잘했어'라는 순간이 찾아올 때가 있다. 그 순간들을 두 팔 벌려 맞이하고 동료들의 그런 순간들을 지켜보면서 함께 기뻐할 수 있다면 충분히 멋지고 아름다운 삶 아닐까? 그러니 부디 다른 사람의 열심도, 스스로의 열심도 무시하지 말자. 누가 왜 이렇게 열심히 하냐고 빈정대면 쳐다도 보지 말고 지나가자.

프로로서의

———————————————— 우아함

회사원은 나이가 들어서 늙는 게 아니라 연차가 늘어서 늙는다. 예전에는 주로 꼰대 같은 사람을 보면 "저 사람 왜 저래?"라고 말했는데, 요새는 애같이 구는 사람을 보면 이 말이 나온다. 꼰대가 되는 것 같아 씁쓸한 한편, 회사원으로서 완전히 적응해버렸구나 싶기도 하다.

이제 사람들의 냉정한 반응에 괜히 혼자 상처 받았던 신입사원 때의 나는 없다. 매달 돈을 받는 데 따르는 책임이 있다는 것과 다른 사람들 역시 같다는 것을 알게 돼서인 것 같다. 각자의 짐도 무거운데 서로에게 또 짐이 될 필요는 없으니, 요즘은 최대한 서로의 영역을 지켜주고 멀리서 응원이나 하자는 마음으로 동료들을 대한다. 예를 들어 불필요하게 날을 세워 말한다거나 상대가 불편할 만한 이야기는 하지 않는다. 듣는 사람이 해결해줄 수 있는 문제가 아니라면 굳이 힘든 얘기를 하지도 않는다. 신입사원 때 '다들 왜 저렇게 벽장 안에 있는 것 같지?' 싶었던 사람들의 마음이 이랬겠구나, 싶다.

신입사원일 때 사람들에게 가장 많이 들었던 말 중 하나는 속마음을 너무 드러내지 말라는 것이었다. 그때 나는 그냥 나를 100퍼센트 보여주고 이해받고 싶었다. 왜 그러면 안 되는 건지, 어떻게 해야 마음을 숨길 수 있는 건지 잘 몰랐다. 그래서 괜히 세상이 야속했다.

학생에서 사회인으로 변모하는 과정에서 가장 크게 달라진 점이 바로 상대방과 나의 관계를 정의하고 그에 맞춰 내 감정을 적절하고 쓸모 있게 사용하게 됐다는 것이다. 긍정적인 감정은 쓰기 쉽다. 기쁘면 기뻐해도 되고 고마우면 고맙다고 하면 된다. 축하할 일이 있으면 함께 즐거워하면 된다. 이런 감정은 그 자체로 환영받을 수 있다.

어려운 건 부정적인 감정을 쓰는 일이다. 짜증이나 분노 같은 감정이 대표적일 텐데 이런 감정들은 대개 밖으로 분출될 수밖에 없다. 회사에도 기분이 나쁘고 화난 걸 숨기지 못하는 사람이 많다. "기분이 태도가 되게 하지 말라"는 유명한 말처럼 본인 화를 본인이 못 이기는 것만큼 유치한 것도 없다.

하지만 회사를 다니다 보면 화를 못 참게 만드는 사람을 만난다. 나도 첫 개발 프로젝트를 할 때 그런 사람을 만났다. 당시 나는 서버 운영자였고 개발을 새로 배워서 기술 배경을 좀 바꿔보려던 때였다. 그래서 프로젝트 투입 전에 프로젝트 매니저인 L에게 생각하는 기술 스택이 무엇인지 물어봤고 그 부분을 정말 열심히 공부했다. 근데 한두 달이 지났는데도 이상하게 프로젝트 진행이 전혀 안 되고 있었다. L에게 물어보니 프로젝트 요구사항이 너무 애매하고 어려워서 어떻게 해야 할지 모르겠다는 말을 했다. 다시 말하면 프로젝트 매니저인 본인이 이 프로젝트를 어떻게 이끌어야 하는지, 어떤 기술을 써서 구현할 것인지 등을 파악하지 못해 다른 사람들에게 일을 나눠주지도 못하고 있었던 것이다.

내 커리어에는 그 프로젝트가 너무 중요해서 나는 누구보다 이 프로젝트의 성공을 바랐다. 어떻게든 프로젝트가 굴러가게 만들어야 했다. 나는 L에게 누군가의 도움을 받아서라도 프로젝트를 진행하자고 했다. 그에게 이런저런 자료도 공유하고 다른 사람에게 들은 조언도 알려주면서 최선을 다했다. L도 도와줘서 고맙다며 진행 상황을 공유해주겠다고 했다. 그런데 또 한참 동안 아무 말이 없었다. 결국 먼저 메신저로 물어보니 관계사와 미팅을 했다, 조만간 일을 나눠주겠다는 말을 했다.

그렇게 시간을 보내고 있는데 해당 프로젝트의 스폰서급이었던 다른 실장님이 관계사와 미팅이 있으니 참석을 하라고 했다. L이 미팅을 했는데 왜 또 하는 건지 의아했지만 일단 참석하긴 했다. L은 다른 미팅이 있어 늦는다고 했다. 하지만 그는 두 시간 동안 진행된 미팅에 오지 않았다. 너무 화가 났다. 프로젝트 매니저가 양해도 구하지 않고 무단으로 미팅에 참석하지 않는다는 것 자체가 납득하기 어려웠다. 그런데 더 화가 났던 건 L이 관계사와 미팅을 한 적이 없다는 거였다. 그날이 우리 회사와 관계사의 첫 미팅이었고 이전까지는 아무도 관계사와 연락을 한 적이 없었다. L이 거짓말을 한 거였다. 그 후 그는 잠수를 탔다. 회사에서 이게 가능한 일인가 싶었지만 그는 며칠 뒤에 나타나 어머니가 아프다는 말을 했다. 그러곤 다시 잠수를 탔다.

나는 그의 무능력과 무책임과 무례함에 치가 떨릴 만큼 화가 났다. 이런 사람이 내 앞길을 가로막고 있다는 것을 참을 수 없었다. 엔지니어가 되겠다는 대단한 각오로 데이터 센터에 왔는데, 막상 오긴 했지만 도저히 이렇게는 안 되겠다 싶어 몇 달 동안 밤잠 줄여가며 개발 공부를 했는데, 나는 이 프로젝트가 내 커리어의 큰 전환점이 되기를 간절히 바라며 실력을 갈고닦고 있었는데 이 사람의 무능으로 내가 멈춰 있을 수밖에 없다는 것에 화가 났다.

마침내 그를 미팅 자리에서 만나게 됐을 때 지금까지 제대로 한 게 뭐가 있냐고, 일 똑바로 안 할 거면 그냥 빠지라는 이야기를 하고야 말았다. 돌려 말하려 했지만 너무 화가 나서 조절도 안 됐다. 뱉으면서도 실수라는 것을 알았지만 나는 그에게 사과하지 못했다. 어쩌다 복도에서 L을 만나면 반대로 돌아가며 피해버렸다.

사장도 아니면서 회사 일이 잘 안 될 때 소리 지르고 난리 치는 이상한 사람들을 봐서 그런지, 그새 조금 어른스러워진 건지는 모르겠지만 시간이 지나고 돌이켜보니 이런저런 후회가 일었다. 그렇게까지는 말하지 말걸, 그의 상황을 완전히 아는 것도 아닌데 몰아세우지는 말걸, 그래도 꽤 친하게 지냈는데 다시 만나기 불편한 사이가 돼버리지는 말걸… 여전히 그 사람을 이해할 수는 없지만 내가 했던 대처는 너무 어리고 유치해서 스스로 창피하다는 점, 언젠가 그에게 전할 사과의 말들을 가끔 골라보기도 한다는 점에서 결론적으로는 내 손해였다.

감정의 끝이 자신을 향하는 감정들도 있다. 대표적인 게 좌절이다. 이런 감정들은 잘 다스리지 않으면 훨씬 더 안 좋게 표출된다. 특히 좌절에 휩싸여 여기저기에 한탄만 하다 보면 좋게 봐도 징징대는 것밖에 안 된다. 애초에 다른 사람이 해결해줄 수 있는 감정도 아니고, 듣는 사람의 에너지까지 갉아먹기 때문이다.

최근에 지인에게서 Y 얘기를 들었다. 메신저의 온갖 채널을 다 돌아다니면서 볼멘소리와 한탄만 쏟아낸다는 거였다. 퇴사하고 싶다, 그런다고 되겠냐, 답은 여기를 떠나는 것밖에 없다… 그 얘기를 들으니 과거의 내가 생각났다. 당시 다니던 회사가 싫었지만 바뀌는 건 하나도 없었다. 거기서 벗어날 힘은 더더욱 없었다. 그래서 사람들을 만날 때마다 회사 욕을 하고, 매니저 욕을 했다. 정말 퇴사할 거라고 호언장담하며 다녔다. 퇴사한 분을 만나면 아직도 퇴사하지 못한 내가 부끄러워서 괜히 또 회사 욕을 했다. 난 부정적인 감정에 잠식돼 있었다.

아마 Y도 언젠가는 지금의 나처럼 그런 행동을 후회할 것이다. 프로의 우아함을 저버리는 일이기 때문이다. 사실 가장 큰 문제는 회사 사람들에게 부정적인 말을 하고 다닌다는 것이다. 회사는 돈을 받고 남의 일을 해주는 곳이라 너무 쉽게 피로해질 수 있는 공간이다. 최선을 다해도 뜻대로 안 되는 경우가 파다하다. 회사에서는 누구나 자신만의 실패와 사연을 안고 살아가고 여기에서 발생하는 스트레스는 자신도 모르는 사이에 쌓여간다. 모든 이의 기본값이 '조금만 건드려도 기분이 안 좋아질 수 있는 상태'라는 점에서 회사는 기본적으로 타인의 부정적인 감정에 훨씬 더 취약해지는 공간이다.

내 첫 회사 입사 동기가 조직의 우울한 상황을 이야기하며 "너랑 내 커리어는 실패야"라고 말한 적이 있다. 나는 너나 그렇게 우울하게 살라며, 왜 열심히 살려는 나까지 힘 빠지게 하냐고 쏘아붙였다. 그런데 나도 조금 힘들어지니 그 동기만큼은 아니지만 남들 기운 빼는 말을 많이 하고 다녔다. 그러니 내가 하는 부정적인 말의 영향력을 꼭 생각해봐야 한다. 뒷일을 생각하지 않는 화풀이에는 결과가 따른다.

부정적인 감정을 말로 노출하는 것은 다른 사람에게 폐를 끼치기 때문에 자제해야 하는 것도 있지만 스스로를 위해서라도 그러지 말아야 한다. 말을 하면서는 '나는 내가 하고 싶은 말은 하는 사람이야'라고 생각할 수도 있겠지만, 남들이 보기엔 사실은 건설적이지 못한 비난과 무책임한 감상만 늘어놓는 것일 수도 있다. 그건 정말 자기 얼굴에 침 뱉는 꼴밖에 안 된다.

내가 다루기 어려웠던 또 다른 감정은 막막함이었다. 어떤 상황이 주어졌을 때 어떻게 해야 할지, 내 앞의 문제를 어떻게 해결해야 할지, 내가 할 수 있을지 없을지 모르는 그런 상황. 사실 많은 사람이 가장 자주 마주하는 감정일 것 같다.

최근에 함께 일하는 분이 막막한 상황에 처한 적이 있었다. 나는 매년 고객들을 대상으로 교육을 진행하는데 이

때 영업팀과 함께 일을 하게 된다. 나는 교육에 필요한 기술적인 부분을 지원하고, 영업팀은 전반적인 운영 및 영업 측면에서 필요한 일을 한다. 원래 회사에서 지원을 해줘야 하는데 여러모로 상황이 좋지 않아 꼭 받아야 할 지원을 받지 못한 채 진행을 해야 했다.

그런데 함께 일하게 된 영업팀 H는 계속 "이렇게까지 해서 해야만 하는 일이에요?"라는 말만 반복했다. 이건 죽이 되든 밥이 되든 해본 다음에 도저히 안 되겠다는 얘기를 하는 것과는 천양지차다. 이렇게 되면 회사에 할 말도 없다. 그냥 안 하겠다는 얘기는 회사에 먹히지 않는다. 안 하려면 근거가 있어야 하는데 해보지 않으면 안 해야 할 이유를 알 수가 없다. 결국 해보는 수밖에 없었기에 요지부동이던 H를 거듭 설득했고, H는 그때서야 겨우 일을 하기 시작했다.

H는 어지간히 하기 싫었는지 일을 엉망으로 했다. 고객에게 보낼 메일 속 링크는 작동도 하지 않았고, 다른 팀원들에게는 A를 하랬다가 B를 하랬다가 하면서 그들이 의미 없는 시간을 보내게 했다. H는 계속 어렵고 힘들다는 이야기만 반복했다. 당연히 상황은 나아지지 않았다. 결국 그는 해당 업무에서 빠지게 됐다. 나도 이런 상황이 처음이라 막

막했다. H의 책임감 없는 푸념, 나아지지 않는 상황 탓에 굉장히 지쳐 있기도 했다. 하지만 나 자신을 위해서 프로젝트를 진행했다. 막막하다고 그저 앉아만 있을 수는 없었기 때문이다.

회사에서 이런저런 사람들을 대할 때마다 성숙하지 못한 대처를 하는 나도 발견하게 된다. 그런 나를 다시 다듬고, 또 사람들을 마주하다 이상한 모습을 발견하고, 또다시 다듬는다. 이런 과정을 겪으며 프로 회사원이 돼가는 것 같다(좋은 뜻인지는 모르겠다).

사실 나는 원래 화를 잘 못 내는 사람이라 겉으로 드러나지 않게 조심하기보다는 혼자 억누르다 병이 되지 않게 하는 법을 찾아야 했다. 좌절감과 막막함 역시 쌓는 법만 알았지, 해결하는 법은 몰랐다. 지금은 이런 감정이 찾아올 때 산책을 하거나 일기를 쓴다. 많은 회사원이 모니터만 들여다보면서 일을 한다. 그러다 보면 세상이 딱 그만큼으로 느껴진다. 하지만 밖에는 훨씬 더 큰 세상이 있다. 모니터가 아닌 탁 트인 세상을 보면서 조금이라도 몸을 움직이면 잠깐이라도 기분이 괜찮아진다.

기분이 잠깐 좋아졌다고 감정이 완전히 사라지진 않는

다. 집에 돌아왔지만 감정들이 여전히 남아 있다면 모두 긁어 일기장에 뱉어낸다. 일기장은 나만의 쓰레기통이다. 감정들을 글로 쓰고 나면 나를 덮쳤던 감정들이 조금 더 선명하게 보인다. 보인다는 건 객관적인 거리가 생겼다는 뜻이다. 거리가 생겨야 툴툴 털어내기도 쉽다.

남의 돈을 번다는 건 어려운 일이다. 일을 해야 하고, 모든 말을 쏟아내선 안 되고, 감정을 조절해야 한다. 특히 내 감정이 타인들의 바운더리를 침범하지 않게 조심해야 한다. 다른 사람들의 인격을 존중하며 우아하게 지내려면 부정적인 감정이 나를 잠식하게 두면 안 된다. 이런 태도를 가꾸는 것도 실력이다.

막막하고 힘든 상황에 좌절해 푸념하고 싶은 순간이 분명 오겠지만 어떤 감정들은 혼자 해결하는 게 스스로를 위해 좋은 일이다. 잊지 말자, 다른 사람이 아닌 우리 자신을 위해서라는 걸.

야망이라는

말의 재구성

"너 참 야망 있다." 신입사원 시절, 누군가에게 앞으로 이루고 싶은 것들을 말했더니 돌아온 대답이었다. 처음에 이 말을 들었을 때 아니라며 손사래를 쳤던 기억이 난다. 아마 그 말이 되게 나쁘게 들렸던 것 같다. 미디어에서 야망은 보통 다른 사람을 해치는 모습으로만 등장했으니까. 야망이라는 단어 자체도 낯설었다.

정확한 인식 없이 그저 부정적인 느낌으로 지나가버린 야망이라는 말은 몇 년 뒤 페미니즘 담론으로 다시 만나게 됐다. 소확행이 아닌 대확행, 사회에서 성공하겠다는 야망을 가지라는 주문이었다. 이때가 돼서야 야망이라는 말이 얼마나 나와 격리돼 있었는지, 왜 그 말을 들었을 때 손사래를 쳐야만 했는지 좀 알게 됐다. 단적으로 말하면 소년들한테만 야망을 가지라고 하니까 소녀들에게는 낯설 수밖에 없었던 것이다.

물론 남자들에게도 야망이라는 말이 어렵게 느껴지는구나 싶었던 순간도 있었다. 내 지인은 스타트업 개발자이자 팀장이다. 그는 회사를 정말 성공시키고 싶어 한다. 입버릇처럼 그런 말을 하고 그것을 현실화하기 위해 정말 주야장천 일한다. 하지만 본인은 야망이 없다며 신입사원 시절 나처럼 손을 젓는다. 미디어는 계속해서 야망을 좇지 않는 정의로운 주인공들을 추앙하는데다가, 요즘은 뭔가에 연연하지 않는 초연한 삶이 쿨한 것으로 여겨진다. 야망이라는 말은 대다수 젊은이가 가까이하기 어려운 말인 것 같다.

오랫동안 야망이란 것에 대해 생각했다. 어떤 야망은 정말로 사람을 해친다. 유명인의 사례가 아니라 회사에서도 흔히 볼 수 있다. 사람들에게 윽박지르고 그들을 착취해 원하는 것을 얻어내는 이들, 남의 공을 가로채는 사람들, 뺏기지 않기 위해 뺏는 사람들…. 미디어에서 보여주는 것처럼 야망은 고개를 절레절레 하게 만드는 존재처럼 느껴진다.

그렇지만 야망을 '본디 크게 무엇을 이뤄보겠다는 희망'이라고 생각하면, 그저 동기부여 수준이기도 하다. 누군가에게는 야망이 방 한 칸이기도 하고, 누군가에게는 인간적 너비를 확장하게 하기도 하고 수직 사다리를 오르게 하기도 한다. 회사에서 하는 일을 잘해내고 싶다는 것도 야망이다. 당연히 좋은 사람이 되고 싶다는 것도 대단한 야망이다.

구현되는 야망의 모습은 너무나 다양하지만, 야망이 내 인생을 쥐고 흔들지 않게 하려면 꾸준히 내 안의 야망을 들여다보며 어떤 모습인지 늘 살펴봐야 한다. 어떤 사람은 과거의 나처럼 자신에게 그런 것이 있는지도 모르거나 있다는 것을 알면서도 애써 외면하고 살아간다. 어떤 사람은 목적이 무엇인지도 모른 채 자신의 야망으로 다른 사람을 무참히 짓밟고 스스로도 먹어치워버린다. 야망이 있다면 자신의 야망을 인정하고 정의해서 동기부여가 될 정도의 수준으로 제어할 수 있어야 한다. 야망의 목줄을 쥐고 잘 살피지 않으면 자신이 삭제될 수도 있다.

나는 별수 없는 야망가다. 쿨하고 칠chill하고 싶지만 자꾸 야망이 새어나온다. 평생 그래왔지만 회사에서, 특히 지금 회사에서 더 커진 나의 야망은 '1등을 하고 싶다'는 것이다. 나는 오랫동안 더 많은 사람에게 최고로 인정받기를, 스스로 자랑스러워할 수 있는 일들을 해낼 수 있기를 바랐다. 대놓고 능력주의를 바라는 회사에 오게 됐을 때는 짜릿하기까지 했다. 착하게 보이기 위해 억눌러왔던 최고가 되고 싶다는 내 야심에 여러 가지 정당성까지 부여받았으니 전속력으로 달릴 수 있었다.

마음속으로는 워라밸 챙기는 사람들을 은근히 무시했고, '쉬고 싶다'는 생각이 들 때면 지체 없이 채찍을 들어 호되게 내리쳤다. 나는 사람들의 눈빛과 말 한마디에 액셀을 밟았다가 브레이크도 밟지 못한 채 기절하기를 반복했다. 성취와 인정이 주는 짜릿함에는 중독되지 않고 버틸 수가 없다. 지속 가능한 수준으로 오래할 수 있도록 속도를 조절하려 하지만 하고 싶은 일들, 해내고 싶은 것들이 계속 생긴다. 나는 여전히 더 잘, 더 빨리, 더 많이 하고 싶다는 야망을 충실히 좇으며 살고 있다.

기절할 수밖에 없는 때가 돼서야 나를 이렇게 만들어버

린 야망이라는 놈을 들여다본다. 최고가 되고 어쩌고 다 좋지만 사실 그 뿌리에는 내가 내 삶의 주인으로 살고 싶다는 마음이 있다. 물론 돈, 명예, 권력도 있다. 그렇지만 가장 간절하게 원하는 건 존재감인 것 같다. 조직과 사회에서의 존재감. 내가 있기 전과 후의 세상이 조금은 다르기를 바라는 마음. 어딘지 모르게 짠한 이 마음을 발견하고 나면 그제야 조금 진정이 된다. 이렇게 죽기 살기로 하지는 말자는 생각도 든다. 그러면 또다시 일어나서 달릴 힘이 생긴다.

하지만 완전히 녹다운이 돼서야 '충전해야지' 하는 것보다는 꾸준히 건강하게 달리는 게 낫다. 내가 야망 있는 사람이란 걸 인정하게 (혹은 할 수밖에 없게) 된 뒤로는 그런 생각을 더 많이 했다. 야심을 건강한 자원으로 쓰는 것이다. 그러기 위해 하고 있는 것들을 적어봤다.

내 일을 스스로 정의하기

첫 번째는 앞에서도 살짝 말했던 '내 일을 스스로 정의하기'다. 야망을 다루려면 하고 있는 일을 두 가지 층위에서 생각해봐야 한다. 하나는 회사에서 하는 일에 대한 정의다.

내가 일을 하다 힘들다고 느끼는 순간들은 대개 '지금 내가 뭐 하는 거지?'라는 생각이 들 때다. 다르게 말하면 내가 내 일을 정의할 수 없을 때인 것이다. 그래서 수행하는 작은 업무들을 프로젝트 차원으로 파악하고, 그 프로젝트의 의미가 뭔지 더 큰 맥락에서 생각하는 시간을 가져야 한다. 전체적인 그림을 충분히 파악하지 않은 상태에서 작은 일들만 처리하다 보면 빠르게 길을 잃기 때문이다.

큰 맥락에서 업무를 생각해봤더니 회사는 자원을, 나는 시간을 낭비하고 있다는 생각이 든다면 변화를 줘야 한다. 일하는 방식이든 팀이든 회사든 뭔가 바꿔야 하는 타이밍인 것이다. 내가 이직을 해야겠다고 생각했던 결정적인 이유도 이런 생각에서였다. 일의 의미를 찾지 못해 매니저에게 도움을 청했는데 "그냥 하라면 좀 해"라는 말을 들었다. 매니저도, 나도 왜 해야 하는지 모르는 일을 하고 있다는 것을 깨닫자 깨끗하게 마음을 정리할 수 있었다.

다른 하나는 내 일을 사회적인 맥락에서 생각해보는 것이다. 나는 '내 일'의 사회적 의미를, 빡센 남초 사회에서 20대 여자로 버티며 인정받는 것이라고 생각한다. 업계에서 버티며 일을 하고 있다는 것만으로도 의미가 있다고 느끼기 때문이다. 나는 세상에 기술을 논하는 여자가 여기 있다고 계속 말하고 싶다. 다른 여자들에게 멈추지 말고 계속하자고, 돌연 사라져버리지 말자고도 말하고 싶다. 방향을 틀어도 되고, 다른 자리에 있어도 되고, 잠시 다른 일을 해도 되니까 여기 함께 계속 있어보자고 말이다. 궁극적으로는 이 기술이 우리의 삶을 정말 많이 바꿔놓을 테니까.

자신이 하는 일을 정의하는 게 쉬운 일은 아니다. 그래서 나는 여러 방법을 사용하고 있다. 하나는 우연히 시작한 멘토링이다. 내가 그럴 자격이 있나 싶어 피하던 일이었지만, 막상 해보니 일의 의미를 더해가는 활동이었다. 커리어를 시작하는 단계에 있는 사람들을 만나면 내 일을 강제로라도 정의해보게 된다.

또 다른 하나는 연말정산을 하듯 1년 업무를 정리해보며 포트폴리오를 만드는 것이다. 포트폴리오를 만들기 어려운 업무라고 생각한다면 회사에 제출한 성과 보고, 업무를 하며 주고받은 이메일 등을 참고해 나름대로 정리해보면 된다. 여기서 핵심은 단순히 한 일을 나열하는 것이 아니라, 그 일을 왜 했는지, 어떤 결과를 냈는지, 그 결과를 내기까지 협력한 사람들은 누구였는지 등을 적는다는 것이다. 이렇게 하면 내가 어떤 일을 왜 했는지, 그 일이 내게 어떤 의미였는지 정리할 수 있게 된다.

장기적인 커리어 계획 세우기

나는 일을 오래할 생각이다. 아직은 창업할 생각이 없으니 계속 회사를 다닌다고 생각하면 앞으로도 수십 년을 더 일해야 한다. 정말 아득한 기간이라 내가 생각한 걸 얼마나 이뤄낼 수 있을지 미지수지만 요즘은 커리어 20년 계획을 계속 생각해보고 있다.

일을 하다 보면 '이렇게 되면 재미있겠다' 싶은 생각이 들 때가 있다. 아예 반대로 지금의 자리나 업무에 한계를 느낄 때도 있다. 나는 외국계 IT 회사를 다녔기에 본사에 가고 싶다는 갈증을 많이 느꼈다. 아무리 용을 쓰고 뭔가 해보려 해도 지사 직원이라 본사의 지침을 따라야 했기 때문이다. 특히 외국계 기업은 오래됐을수록 관료제가 공고해지고 본사의 승인이 많아져 지사의 힘이 약해지기 마련인데 나는 그게 너무 싫었다(아무래도 남의 말을 곧이곧대로 따르는 게 선천적으로 싫은 것 같다). 그래서 본사에 가서 큰 규모의 의사결정에 참여하고 싶다는 막연한 생각이 있었다. 그렇게 전 세계 사람들이 사용하는 소프트웨어를 만드는 일을 한 뒤 소프트웨어 스타트업에서 기술 전략과 세일즈 전략 업무를 맡고 싶다.

지금은 이 정도가 나의 20년 계획이다. 사실 목표에 크게 집착만 하지 않는다면 장기적인 커리어 계획을 생각해보는 건 장점이 더 많다. 지금 하는 일이 내 커리어에 어떤 의미가 있을지, 현재 회사에 계속 있는 것이 계획을 이루는 데 도움이 될지 등을 생각해볼 수 있기 때문이다. 야심을 현명하게 쓸 수 있는 선택지들을 만들 수 있게 되는 것이다.

내게 야망은 드라마 속 악역을 위한 재료도 아니고 불안을 심어주는 요소도 아니다. 그저 내 삶의 주인으로, 주어진 삶을 잘 써보겠다는 다짐일 뿐이다. 야망이라는 무시무시한 말을 뜯어보면 사실은 이렇게 소박하고 일상적인 열망의 집합에 불과하다. 야망이 너무 멀고 크게 느껴진다면 노트에 하고 싶은 일들을 적어보면 된다. 그게 우리의 야망이다.

불안을 연료로 쓰지 않는
오래달리기

일적으로든 아니든 가장 감동적인 순간은 내가 어제보다 나아졌다는 것을 느낄 때다. 내게 성장은 정말로 중요한 가치여서다. 힘든 상황이어도 더 잘할 수 있는 일은 언제나 있기 마련이고, 그런 것들을 찾아 해내는 재미로 회사 생활을 해왔다. 작은 재미와 내 일의 의미를 찾으며 먹고사는 것이 다가 아니라고 생각했다. 의미의 힘은 대단하다. 자발적으로 고통을 헤쳐나가게 한다.

그런데 성장에는 고통이 따른다. 경험으로 체득했다.

뭔가를 더 잘하게 되거나 못하던 것을 할 수 있게 될 때는 반드시 고통스러웠다. 그러니까 고통스럽지 않으면 성장하지 않는 것이다. IT 업계에 들어와 처음 기술 자격증을 따기 위한 공부를 할 때도, 처음 인프라 아키텍처를 배울 때도, 처음 스프링 프레임워크를 배울 때도 난 괴로웠다.

지금 다니는 회사는 가만히 멈춰 있으면 휩쓸려버리는 정글이라고 불린다. 나는 성장과 발전에 돌아버린 인간이라 그런지 이전 회사보다는 훨씬 더 잘 맞는다. 내가 추구하는 성장과 회사 일의 방향이 맞으니 대개는 즐겁게 고통을 맞이한다. 다만 성장과 발전이 기본인 곳이라 모두가 바쁘다. 정말 언제나 바쁘다. 쉬는 시간이 거의 없이 한 해를 보내는 것 같다. 그래서 고통스럽지 않을 때는 '나 지금 멈춰 있나?'라는 생각이 자연스럽게 든다. 고통의 일환인 자기혐오 역시 주기적으로 찾아온다.

이 회사에서 2년 정도 보내니, 아무도 시키지 않았는데 성장과 고통은 뗄 수 없다며 스스로를 착취하는 나 자신과 동료들을 보게 된다. 그럴 때마다 이상한 감정을 느낀다. 나는 아무리 노력해도 동료들처럼 대단한 사람이 되기는 틀린 것 같은데, 내가 보기에 너무 대단한 사람들도 자신들은 아무것도 모르는 쓸모없는 사람이라는 농담을 한다. 실제로 그렇다는 생각에 고통받는 사람도 많다.

IT 업계에는 매일 새로운 기술이 쏟아지기 때문에 잠시라도 한눈을 팔면 바로 뒤처진다. 열심히 공부하던 기술 컴포넌트가 얼마 안 가 역사 속으로 사라져버린deprecated 적도 있다. 그래서 다들 촉각을 곤두세우면서 살고, 기술 트렌드를 잘 따라가는 사람들을 쫓는다. IT 업계에서 서열은 기술력으로 정해진다. 우위를 지키려면 지쳐서는 안 된다.

업계에 있는 사람들 대다수가 나처럼 성장을 좋아하고, 기술에 대한 정복욕 내지는 승부욕이 강하기 때문에 종종 업계 전체가 어딘가로 달려가고 있다는 느낌을 받는다. 내가 진심으로 존경하는 한 동료는 우리 포함 IT 업계 전체가 성장을 위한 성장을 하고 있는 것 아니냐고, 자기는 정말로 이 세상 모든 사람이 협약을 맺고 아무런 발전도 하지 않고 그 어떤 소스 커밋commit도 하지 않고 한 달만 쉬었으면 좋겠다고 말하기도 했다. 알 수 없는 쓸쓸함에 웃을 수밖에 없었다. 성장을 위한 마인드셋이 자학적이라고 느껴지지만, 성장의 순간을 지날 때의 짜릿함은 우리를 멈출 수 없게 만든다.

나는 이런 나와 동료들 그리고 업계의 모습을 볼 때마다 바버라 에런라이크Barbara Ehrenreich가 쓴《긍정의 배신》(전미영 옮김, 부키, 2011)이 떠오른다. 바버라는 자본주의와 긴밀하게 결합한 '긍정적인 삶의 태도'가 삶의 방식을 결정하는 이데올로기가 되었고, 이 긍정 이데올로기는 영원한 성장을 숙명인 듯 꾸며내면서 사람들에게 그것이 실제로 가능하다고 믿게 만든다고 주장한다. 냉철한 명언들이 쏟아지지만 가장 인상적이었던 건 "이 긍정적 사고의 핵심에는 불안이 놓여 있다. ……불쾌한 가능성과 부정적인 생각을 억누르고 차단하려는 쉼 없는 노력, 곧 고의적인 자기기만이 필요하다는 뜻"이라는 부분이었다.

어제보다 더 나은 자신을 원하는 개인들이 모여 더 즐거운 일, 더 좋은 조건과 더 좋은 환경을 위해 커리어를 발전시켜 나가면서 채용 시장은 날이 갈수록 치열해진다. 나는 성장이 중요하다고 말하지만 이 시장에서의 승리와 우위 선점도 놓치고 싶지 않다. 그래서 나를 포함한 업계의 모든 사람은 낙오에 대한 두려움을 늘 가슴 한켠에 지고 살아간다. "최근에는 행동만이라도 긍정적이어야 한다는 요구가 점차 가혹해지고 있다. 순응하지 않는 데 따른 불이익이 점점 커져, 긍정적인 태도를 갖지 않으면 직업을 잃고 실패하는 데 그치지 않고 기피 인물로 낙인 찍혀 완전히 고립될 위험을 감수해야 한다"는 부분 역시 부인할 수 없었다. 조금만 더 하면 해낼 수 있을 것이라는 긍정적이고 성실한 태도는 실제로 불안을 연료로 써서 나를 달리게 했다.

이전 회사에 다니던 4년 전쯤 나는 내 인생이 마침내 실패해버렸다고 생각했다. 반복적인 업무와 합리적이지 않은 업무 지시, 도대체 어디로 숨어버린 건지 혹은 태초에 존재는 했던 것인지 알 수 없는 조직의 비전, 업무 중 쌍욕을 멈추지 않는 사람들, 무능과 무지에 뻔뻔한 사람들. 하루의 3분의 1을 보내는 회사에서 도대체 뭘 하는 건지 알 수 없는 채로 멈춰 있었다.

게다가 나는 내 시간을 낭비하는 것에 민감하다. 시간만큼 한정적이고 귀하면서도 온전히 내가 제어할 수 있는 자원이 없어서다. '시간을 낭비하고 있다'는 생각이 들었을 때 참을 수 없이 괴로웠다. 아무 말도 안 하는 미팅이 있다는 걸 자각하게 됐을 때, 최선을 다해 일을 하지 않고 그저 '시급'을 지키고 싶다고 생각했을 때 시간을 낭비하고 있다는 생각에 출근하는 게 괴로웠다. 가장 화가 나고 두려웠던 것은 여기서 벗어날 능력이 없는 나 자신이었다.

톡 까놓고 나 잘난 맛에 살던 나 같은 사람에게는 치명적인 감정이었다. '무능'에게 습격당하자 조급해졌다. 이렇게 살아서 되겠어? 사실은 네가 원하는 걸 이뤄낼 능력이 애초에 없었던 거 아냐? 지금 친구들이랑 놀 시간이 있어? 미드 볼 시간 있어? 그 시간에 공부해야 되는 거 아냐? 사실은 네가 한심하게 생각하는 사람들이랑 별반 다를 거 없는 거 아냐? 어쩌면 이 회사가 너한테 가장 어울리는 곳일지도 몰라. 나는 내 안에 나를 가두고 흠씬 팼다.

실패와 잔존에 대한 두려움은 나를 앞으로 나아가게 했지만, 세 발짝마다 한 번씩 주저앉게 만들었다. 그때는 실패가 계속해서 내 뒤를 쫓아온다고, 멈춰 생각해볼 시간은 사치라고 생각했다. 그 삼보일좌절의 과정에서 자랑스러웠던 문과생으로서의 정체성을 잃어갔고 혼란은 더 거세졌다. 나를 행복하게 하지 못하는 곳에 남겨지는 것이 두려웠다. 두려움은 등을 떠밀었고 나는 오래가지 못할 불안이라는 모터를 달고 움직였다. 누가 안부를 묻기만 해도 눈물부터 쏟아지던 때였다.

그렇게 사정없이 흔들리고 있던 어느 날, 꽤 신뢰하던 상사와 오랜만에 티타임을 했다. 그는 내 이력서에 대한 피드백을 주겠다면서 시간을 내줬다. 회사 근처 카페에서 만나 이런저런 얘기를 하는데 그가 "요즘 사는 건 어때, 잘 지내?"라고 물었다. 그 순간 그냥 눈물이 터져버렸고, 울고 있다는 사실에 너무 놀라 한참을 더 울었다. 사실 그와는 앉아서 얘기해본 적이 별로 없었다. 힘들다고 붙잡고 울 만한 관계가 아니었는데, 갑자기 눈물 둑이 터져버렸다. 발버둥치고 있긴 한데 앞으로 나아가지 못하는 것 같아서, 열심히 하는데 생각만큼 잘하는 것 같지 않아서, 그게 억울해서 눈물이 났던 것 같다.

한껏 울고 나서야 몸과 마음이 지친 나를 발견했다. 그렇지만 인생은 계속해서 굴러갔고 앉아서 울고 있을 시간은 주어지지 않았다. 결국 나를 구원할 수 있는 것은, 이 진창을 벗어나게 해줄 사람은 나 자신뿐이었다. 사람들과 이야기하면서 얻은 위안이나 '그대로 있어도 괜찮다'는 말은 오래가지도 않고 위로가 되지도 않았지만, 작은 일을 꾸준히 하는 건 꽤 도움이 됐다. 일주일에 두 번 수영 가기, 못해도 하루에 10분은 고양이랑 놀아주기, 공부하기 싫은 날은 기술 블로그 한 개 읽기. 작고 별거 아닌 일들이 나를 구원했다.

원대한 계획은 실패한다. 그래서 정말 지쳐 있을 때도 조금만 힘을 내면 할 수 있는 것들을 구체적으로 정량화한다. 힘들지만 꾸준히 해낸다. 그러면 몰아치는 불안 속에서도 살아남을 수 있는 나만의 온실이 생긴다. 불안을 태워서 달려가다 결국은 잡아먹히는 게 아니라, 작지만 내 안에서 굴러가는 전력발전기를 만드는 것이다. 끝나지 않을 것 같은 긴 터널을 멈추지 않고 걷게 해주는 방법이었다.

지금도 주저앉고 싶어지는 때가 주기적으로 찾아온다. 내가 원하는 것을 얻지 못하는 좌절과 실패가 두렵다. 스스로를 실망시킬 나 자신도 두렵다. 그때마다 내가 할 수 있는 정확한 일들을 손으로 꾹꾹 눌러 쓴다. 그리고 해낸다. 그렇게 불안과 오랫동안 함께 가는 힘을 기른다. 두려워하지 않을 날이 올까? 아마 오지 않을 것이다. 실패를 두려워하지 않기 위해 할 수 있는 것은 성실한 하루의 시스템을 만드는 것 뿐이다.

툭 치면 눈물부터 나왔던 그때 확실히 알았다. 나를 진짜로 위로해줄 수 있는 건 불쌍할 만큼 성실했던 과거의 나 자신뿐이다. 불안해서 울어버릴 수밖에 없었던 몇 년 전의 나를 꼭 붙잡고 말해주고 싶다. 거기서 멈추지 않고 할 수 있는 작은 것들을 하며 앞으로 갔기 때문에 지금의 내가 조금 더 나은 마음으로 지낼 수 있게 됐다고, 정말 고맙다고, 이제 그만 울어도 된다고.

멈추지 않았던 과거의 나를 믿으면서, 미래의 내가 고마워할 것이라고 생각하면서 지금 할 수 있는 것들을 하면 된다. 그렇게 앞으로도 천천히 용감하게 가면 된다.

건강한 성장을 위한

시스템

천천히 용감하게 가라는 말은 몇 년 전 일기에도 썼던 말이지만… 여전히 천천히 가는 걸 잘 못한다. 연차가 쌓이니 해야 할 일은 많아지고 책임은 더 커져서일까? 전보다는 아니지만 모든 걸 더 잘하고 싶어서 여전히 질주 중이다.

많은 사람이 그럴 테지만 일에 빠져 정신적으로 여유가 없어지면 공간에서 티가 난다. 먼지도 쌓이고 설거지도 쌓인다. 건물 현관만 나서면 나오는 분리수거장도 못 가서 쓰레기도 쌓인다. 빨래도 정신없이 쌓인다. 정신을 차리게 되는 순간은 입을 옷이 없어졌을 때다. 그제야 집을 돌아보지만 이미 감당할 수 없을 만큼 어질러져 있다.

《긍정의 배신》에는 이런 구절이 나온다. "예전 엘리트들은 유유자적함을 과시했지만, 우리 시대의 부유층은 기진맥진함을 드러내 보이려 안달했다. 그들은 모든 일에서 '핵심'에 있고, 언제든 전화 회의에 응할 수 있고, 항상 '특별히 애를 쓸' 준비가 되어 있었다. 학계에서 일하는 사람들은 업무량을 쉽게 조절할 수 있을 것 같은데도 그러지 않았다. 과로를 미덕으로 여기는 풍조가 어느덧 종교적 경지에까지 달했다."

지금 회사에서는 정말 모든 사람이 바쁨을 경쟁하는 것 같은 느낌을 받는다. 우리 회사는 서로의 업무 캘린더를 볼 수 있는데, 미팅을 잡으려 캘린더를 보면 나 포함 많은 사람의 일정이 정말 빼곡하다. 한번은 대학을 갓 졸업하고 입사한 사람이 내 미팅 참관 요청 차 캘린더를 보고는 "다른 분들에 비해서도 일정이 많으세요"라는 말을 한 적이 있다. 한편으로는 우쭐했지만 걱정도 됐다. 언제까지 이렇게 할 수 있을까 싶어서였다. 그럼에도 멈추지 못하고 폭주기관차처럼 일하던 내게 경종을 울려준 사건이 있었다.

며칠에 걸쳐 고객들과 미팅을 하던 때였다. 중간에 쉬는 시간도 없이 연달아 미팅을 하는 일정이었는데, 문제는 2일 차에 터졌다. 전날 미팅이 2시부터 시작했기에 1시쯤 출발했는데 가는 도중에 같이 일하는 사람에게 전화가 왔다. 알고 보니 그날 일정은 2시가 아닌 1시였고 고객들은 이미 도착해 있었다.

순간 눈앞이 하얘졌다. 태어나서 한 번도 해본 적 없는 실수에 머리가 떵해졌지만 택시 안에서 할 수 있는 건 없었다. 다행히 능숙한 영업팀 분들 덕에 잘 넘어가긴 했지만 스스로를 용서할 수가 없었다. 고객과의 미팅인데 호스트인 내가 노쇼no show를 하다니. 정말 어떻게 생각해도 납득하기가 어려웠다. 그런 실수를 하고 나서야 뭔가 잘못됐다는 생각이 들었다. 대체 뭐 때문에 이렇게 바쁘고 정신이 없는 걸까? 바쁜 나 자신에 취해 있는 건 아닐까?

늘 부인하지만 사실 나는 예스걸이다. 남의 부탁을 잘 거절하지 못하기도 하지만 워낙 성취욕이 강하다 보니 재미있을 것 같거나 잘되면 멋질 것 같거나 좀만 노력하면 할 수 있을 것 같다는 생각이 들면 다 받아들인다. 그렇게 쌓인 일들을 반성 차원에서 정리해봤는데 아무리 생각해도 물리적으로 불가능한 정도였다. '린 인lean in'이라는 셰릴 샌드버그Sheryl Sandberg의 조언을 너무 많이 따르며 살았더니 과거의 내게 멱살이 잡혀 있었다. 명언을 자주 쏟아내는 친한 동료가 우선순위 조정을 못해 미쳐 돌아가고 있는 내게 말했다. "할 수 있을 것 같다고 다 할 필요는 없어요."

성장과 성취에도 속도 조절이 필요하고 이렇게 살면 안 된다는 신호는 지속적으로 만난다. 그러면 어떻게 해야 할까? 지속 가능한 생활에 대한 이야기가 많아서 책과 유튜브를 찾아봤다. 대부분은 일과 전혀 다른 좋아하는 일을 찾으라고 했다. 그 일이 거창할 필요가 없다는 말도 덧붙였다. 그래서 생각해봤는데 내겐 OTT 서비스뿐이었다. 하도 좋아해서 넷플릭스, 왓챠, 아마존프라임, 티빙, 디즈니플러스 모두 구독 중인데 이것들을 볼 때 말고는 일만 했다. OTT 서비스와 일뿐이라니. 이게 또 나를 좌절하게 했다.

수없이 본 미국 드라마들에 반복적으로 나오는 "You are strong, I am strong"이라는 말이 새삼 떠올랐다. 강하다는 건 대체 뭘까? 계속 생각해봤더니 이제는 그 뜻을 조금 알 것 같다. 내 하루가 어느 것에도 무너지지 않는 '시스템'을 만드는 것이다. 시스템이 형성되려면 다양한 것들이 있어야 한다. 삶에 오로지 일만 존재한다면 그건 시스템이 아니라 그냥 일을 하는 것뿐이다. 하나에 과몰입하는 사람은 필연적으로 깨지기 쉽다. 삶도 자산처럼 여러 바구니에 담아야 하지만 나는 내 삶을 올인하는 법만 안다. 삶의 다양한 요소를 여러 바구니에 나눠 담지를 못한다.

그래도 지속을 해야 하니 사람들이 한다는 걸 찾아봤다. 요즘은 아침 루틴이나 자기 전 루틴 등 자기를 돌보는 루틴을 만드는 자기계발이 트렌드인 것 같은데, 내가 할 수 있겠다는 생각이 안 들었다. 명상도 해봤지만 내 10분 집중력으로는 무리였다. 지인들이 운동을 하면 정신이 맑아진다 길래 집에서 장비까지 갖추고 열심히 해봤지만 오히려 기분이 안 좋아졌다. 전문가의 도움을 받아도 영 시원찮았다. 등산도 가봤지만 너무 피곤했다. 꽃을 좋아해서 꽃꽂이도 배워봤지만 너무 비싸서 지갑이 지속 가능하지 못했다. 지금은 여러 시행착오 끝에 지갑 사정과 내 기분 모두를 지킬 수 있는 세 가지를 하고 있다.

첫째, 주말 1.5일은 절대 사수한다. 뭘 해도 좋으니 주말에는 일이나 공부를 전혀 하지 않기로 했다. 이 시간 동안 일을 안 하고 놀기 위해 일의 절대적인 양을 줄이고 있다.

둘째, 콘텐츠를 소비하지 않고 채운다. 인생을 나눠 담을 바구니에 대한 고민은 평생 할 것 같아서 이것저것 시도해보긴 했지만 특별히 좋다고 느껴지는 게 없었다. 그나마 꾸준히 좋아하는 건 누워서 흥미진진한 드라마를 보는 것뿐이다. 이걸 단순히 소비만 하는 게 아니라 내 '쉼'에 활용하면 제2의 바구니가 될 수도 있지 않을까 싶었다. 그러기 위해 몇 시간을 얼마나 보든 제약하지 않되 '왓챠피디아'에 내가 본 콘텐츠에 대한 감상평을 남기기로 했다. 기억에 남는 것과 느낀 점을 두세 개 이상 쓰는 것이다. 드라마든 영화든 본 결과를 기록해서 머릿속에 둥둥 떠다니는 생각들을 최대한 정리하기 위해서다. 나는 뭔가 생각이 정리될 때 스트레스가 해소되면서 쉬고 있다고 느끼는 것 같다.

셋째, 일기를 쓴다. 내가 가진 가장 좋은 습관은 일기 쓰기다. 책장에는 10대 때부터 20대 중반까지 손으로 쓴 일기장이 가득하다. 흘러갈 생각들을 붙잡아두고 싶어서 손으로 일기를 썼다. 일기장에 모든 걸 털어놓고 나면 기분이 좀 괜찮아졌다. 그런데 지금 회사로 오면서 일기도 잘 안 썼다는 것을 뒤늦게 깨달아서 다시 일기를 쓰고 있다. 일기에는 사건을 나열하는 게 아니라 그날의 생각과 기억에 남는 대화들을 적고, 되도록 손으로 쓴다.

일만 하다 보면 일상이 전쟁이다. 스스로와 싸우고 누군가와 싸우고 일과도 싸운다. 전쟁터에서만 살면 일 외에 다른 삶이 없어지면서 여유도 사라진다. 그럼 예전의 나처럼 일에서도 실수를 하게 된다. 결국 매일의 전투를 의미 있게 해내려면 삶의 고삐를 단단히 쥐어야 한다.

위의 것들을 한다고 내가 잘 쉬고, 잘 일하는 지속 가능한 삶을 살 수 있을지는 모르겠다. 그래도 나 스스로를 제어할 수 있는 시스템을 구축하다 보면 조금씩 속도를 조절하는 법을 배울 수 있지 않을까?

번아웃과
함께 살기

번아웃의 허리춤에 매달려 계속 굴러가고 있는 것 같다. 스스로 고삐를 쥐고서 어딘가로 자박자박 걸어가는 것이 아니라 관성에 의해 데구르르 굴러가는 것만 같은 느낌.

첫 회사에 있을 때는 내가 아닌 다른 누군가가 되고 싶어서 몰입해서 살았다. 너무 심하게 몰입을 하다 보니 내가 가루가 돼버릴 것 같다는 두려움은 있었지만 착실하게 하루를 살고 있었기에 살아 있다는 감각이 있었다. 방향을 잘못 잡은 게 아니라면 목표에는 언젠가 도달한다. 진짜 문제는 사실 그 목표를 이루고 난 뒤다. 나는 MBTI 검사를 하든 인터넷에 떠도는 귀여운 심리테스트를 하든 갤럽의 7만 원짜리 강점 테스트를 하든 늘 성취 지향적이라는 말이 나온다. 이런 말이 나오는 걸 자랑스러워했지만 다시 생각해보면 허들을 뛰어넘은 뒤 찾아오는 공허감을 해결하기 위해 강박적으로 다음 허들을 갖다놓는다는 말처럼 느껴지기도 한다.

이제는 중간 정도만 하면서 좀 쉬고 싶다는 생각이 들었을 때, 아무리 보복소비를 해도 공허감이 채워지지 않을 때, 평생 안 하던 핸드폰 게임에 열중할 때 번아웃이 왔다는 걸 깨달았다.

동료와 일을 하게 되는 동기부여에 대한 이야기를 한 적이 있다. 나는 동료에게 농담 반 진담 반으로 요즘 내 인생은 캘린더가 끌고 간다고 말했다. 과거의 내가 미래의 나에게 부탁한 일들을 업무 캘린더에 하나하나 걸어놓고 별수 없는 빚쟁이의 마음으로 해내는 것이다. 분명 해내고 있긴 한데 아무런 감흥도 없다. 뭔가가 내 앞에 떨어졌을 때 전력으로 탐구해서 어떻게 하면 내 방식대로 특별하게 해낼 수 있을까 고민하던 에너지가 사라졌다. 거의 10년 동안 투두

리스트를 만들며 하루를 시작했고 다시 그것을 점검하며 하루를 마무리했는데, 그것도 사라졌다.

코로나19 때문에 꽤 오랫동안 재택근무를 하고 있는 요즘은 더 심해졌다. 오전에 미팅이 있으면 전날 밤이 돼서야 준비를 하고, 미팅 20분 전에 겨우 일어나 미팅을 한다. 오전에 미팅이 없는 날은 눈이 떠지면 일어나고 잘하든 말든 별로 관심도 없는 게임을 하면서 하루를 연다. 늘어지게 딴짓을 하면서 겨우 업무를 해낸 다음 저녁을 먹는 것으로 하루를 마무리한다.

문제는 이 다음이다. 예전에는 비어 있는 시간에 할 게 많았는데 요즘은 아무것도 하고 싶지 않다. 그래서 딴짓하다 미처 못한 일들을 뒤적거리거나 이미 본 미국 드라마를 틀어놓고 또 딴짓을 한다. 이상하게 공허해서 몸에 안 좋은 온갖 음식을 배달시킨다. 먹고 나면 기분이 안 좋은 음식들을 기분이 더 안 좋아질 때까지 먹은 뒤 진짜 먹고 싶긴 했던 걸까, 싶은 디저트까지 시켜 먹는다.

번아웃에 대한 글들을 찾아보니 무조건 쉬라고, 장기적으로는 일에 대한 문화가 바뀌어야 한다는 하나마나 한 조언만 많았다. 번아웃을 극복할 수 있는 걸까? 허들 하나를 뛰어넘을 때의 짜릿함만 좇을 줄 알았지 그 뒤에 찾아오는 공허감은 모른 척하면서 에너지가 넘치는 것처럼 살았다. 그런 내 앞에 갑자기 번아웃이라는 놈이 나자빠져 있다. 틈틈이 시간을 내서 산책을 하고 휴가도 가봤지만 순간 기분이 좋을 뿐 감각이 마비된 상태는 지속됐다. 이제는 번아웃과 함께 살아야 한다는 것을 인정해야 한다고 생각했다.

나와 평생을 함께할 존재는 오로지 나 자신뿐이다. 번아웃 상태인 나를 사랑하진 않더라도 이런 상태의 나와 잘 지내는 방법을 찾는 수밖에 없다. 일에 너무 지쳤을 때 회복할 수 있는 나만의 작고 소소한 시스템을 만든 것처럼, 이렇게 오감이 마비돼버릴 때도 대응할 수 있는 체계를 갖춰야 한다. '요즘 나 왜 이러지?'를 뚫고 지나가게 해주는 것은 나 자신을 멍하니 들여다보는 것, 내 안에 다시 일어설 힘이 있다는 걸 잊지 않고 시간을 갖는 것이다. 그렇게 하기 위해 내 멱살을 쥐고 달리는 캘린더 속 일정들을 조금 덜어낸다. 어떤 업무들은 뻔뻔하게 거절한다.

요새 번아웃이 와서 힘들다는 말을 하지는 않는다. 그저 조금 더 말을 아끼고 더 두문불출하고 평일 오후에 땡땡

211

이 칠 시간을 만들어 시각·청각보다는 촉각을 자극할 수 있는 일들을 한다. 비 오는 날 굳이 슬리퍼를 신고 나가서 빗물을 느끼기, 늘 지나치던 가로수를 만져보기, 이어폰을 빼고 걷기….

나는 원래 멋진 인간이다. 번아웃은 그저 살다가 만나게 되는 나의 여러 가지 모습 중 하나뿐이다. 오늘도 번아웃을 짊어진 또 다른 나를 조금씩 달래주면서 함께 살아갈 궁리를 한다.

IT 업계 비전공자 주니어에게

세상의 모든 집단이 그렇듯 회사에는 다양한 범주의 약자가 존재한다. 이제 막 경력을 시작하는 주니어도 그렇다. 약자인 주니어들에게 해주고 싶은 조언 몇 가지를 정리해봤다.

모르면 '성의 있게' 물어보기

모르면 물어보라는 말만큼 하는 사람 입장에서는 쉽고 듣는 입장에서는 어려운 조언이 없다. 몰라서 실수하느니

213

아는 사람에게 물어보고 하라는 말이겠지만, 물어보는 사람 입장에서는 대체 어디부터 어디까지 물어봐야 하는 건지가 어렵다.

언젠가 직장 상사에게 뭔가 물어본 적이 있다. 그때 그는 "검색 좀 해봐"라고 말했다. 나보다 기술 업무를 오래 했던 동료에게도 들어본 말인데, 수치스러워서 얼굴이 화끈거렸던 느낌이 아직도 선연하다. 특히 IT 기술 관련된 일을 하고 있는 사람이라면 "그거 공식 문서에 나와 있어요"라는 말에도 비슷한 수치심을 느낄 것이다. 연차가 쌓이니 이 말의 정확한 뜻을 알았다. "야, 조금만 관심 갖고 찾아보면 알 수 있는데 이걸 물어보냐? 최소한의 성의는 보이고 나서 물어봐야 되는 거 아냐?"

그렇다고 한번 물어보면 될 일을 너무 오래 붙잡고 있으면 안 된다. '대체 어쩌라는 건데' 싶겠지만 경계를 잘 봐야 한다. 나도 수치스러운 경험을 몇 번 했더니 남에게 잘 물어보지 못했다. 그런데 내가 했을 때 3일 걸리는 일이 한번 물어보면 한 시간 안에 할 수 있는 일이 될 수도 있다. 아무리 쳐다봐도 이해가 안 됐던 게 누군가 3분만 설명해주면 이해가 되기도 한다. 그래서 남의 도움을 받아야 하는 때와 혼자서 해낼 수 있는 때를 잘 구분해야 한다.

이걸 크게 깨달았던 건 F와 일할 때였다. 그와 하던 프로젝트가 시작 단계일 때라 우리가 만들려는 결과물의 기술적인 방향을 정해야 했다. 나는 A, B, C를 해본 다음 결과를 정리해 상사에게 의견을 물어보자고 했는데 F는 그냥 바로 물어보자고 했다. 너무 성급한 거 아닌가 싶었지만 본인이 물어보겠다길래 알았다고 했다. 그럼 내가 창피할 일은 없었다. 근데 상사에게 물어보니 훨씬 더 좋은 다른 방향을 제안해줬다. A, B, C를 할 필요도 없었다. 적합한 사람에게 예의를 갖추고 필요한 것을 정확히 말하면 생각보다 일은 쉽게 풀린다는 걸 알았다.

그럼 어떻게 질문하는 게 좋을까? 나는 사람들에게 질문하기 전에 내게 질문할 자격이 있는지를 생각해봤다. 질문을 하기 전에 준비를 하는 셈이다. 예를 들어 아티클을 3개 읽어봤는데 잘 모르겠다면 질문을 하기로 하는 것이다. 그다음에 상대방을 전문가로 대하고 도움을 청한다. "○○님이 이 분야를 가장 잘 아신다고 들었습니다. 바쁘시겠지만 30분 정도 시간을 내주실 수 있을까요?" 같은 식이다. 질문을 할 때는 "G를 모르겠어서 H 링크를 찾아봤는데 I를 알게 됐어요. 그럼 G와 I가 같다고 봐도 되나요?"처럼 말한다. 타로카드가 아닌 이상 질문이 구체적일수록 더 좋은 답을 받을 수 있다.

이건 상대방을 위한 것이기도 하지만 나를 위한 것이기도 하다. 질문을 준비하는 과정에서 <u>스스로 해보는 힘</u>이 길러지기도 하고, 이 각박한 세상은 우리가 생각한 것보다 편리하고 다정하지 않으니 굳이 남에게 욕먹기 좋은 일을 할 필요는 없어서다.

인더스트리 지식은 필수다

이 꼭지를 정확하게 이해하려면 정리해야 할 부분이 몇 가지 있다. 일단 IT 시스템이 돌아가는 생태계를 이해해야 한다. 여기에는 현업, 벤더vendor라는 말을 이해하는 것도 포함된다. 회사 규모에 따라 다르지만 대개 기업의 IT 부서에는 IT 전략·기획 같은 타이틀을 단 사람들이 있다. 이들이 해당 기업의 IT 살림을 꾸리는 IT 담당자들이다. IT 담당자들은 어떤 회사에서 어떤 서버를 사서 누구에게 운영을 맡기고 누가 개발을 하게 하고 올해는 무슨 신규 프로젝트를 할지 등을 결정한다.

　이들은 ERP, SCM, 인사관리 시스템, 대외서비스용 시스템 등을 관리하기도 하는데, 현업 부서는 이 시스템을 실제로 사용하는 팀을 말한다. 대외서비스용 시스템의 경우 서비스 자체를 기획하는 팀이 있고, SCM은 물류관리팀 같은 곳이 해당 시스템의 실제 사용자가 되는데, 이때 이 사람들이 IT 담당자들의 고객이 된다.

　이렇게 한 기업의 사업을 운영하는 데 반드시 필요한 시스템들을 성공적으로 제공하는 것이 IT 담당자들의 핵심 성과지표가 되는데 여기에 필요한 자원(하드웨어, 소프트웨어, 인력 등)을 제공하는 회사를 '벤더'라고 부른다. 벤더로 통칭되는 회사들은 다른 IT 종사자들(개발자, 서버 운영자 등)을 대상으로 제품과 서비스를 제공하는 소프트웨어 산업 내지 SI system integration 성격의 B2B 기업들을 의미한다. 여기에는 대기업 IT 계열사들이나 AWS, 마이크로소프트 애저Microsoft Azure, 구글 클라우드 플랫폼Google Cloud Platform 같은 클라우드 서비스 제공사, 오라클Oracle이나 샌드버드Sendbird처럼 소프트웨어를 공급하는 회사들이 해당된다.

　IT 벤더사의 고객은 다른 기업이 된다. 고객은 금융권 회사일 수도 있고 대형 커머스 회사일 수도 있고 공장을 갖고 있는 제조업 회사일 수도 있다. 고객들의 산업군에 따라 IT 제품을 선택하는 경향도 달라진다. 베스트셀러 제품이지만 특정 업계에서는 안 먹힐 수도 있고, 고객의 IT 환경 특성에 따라 해당 제품을 특별히 다른 구성으로 써야 하는 경우도 있다. 그래서 이런 성격의 B2B IT 회사들에서는 고객의 산업군을 잘 이해하는 것도 굉장히 중요하다. 이건 기술 직군이든 비기술 직군이든 동일하다.

B2B로 IT 기술 프로덕트만 제공하는 회사들은 인력 확장을 할 때 소위 '고객'으로서의 경험을 가진 이들을 채용한다. 일반 기업의 IT 담당자 같은 사람들이다. IT 벤더사들이 생존하려면 특정 산업군에서 필요로 하는 시스템은 무엇인지, 어떤 걸 불편해하는지, 불편함을 해소하기 위해 어떤 절차를 거치는지 등을 반드시 알아야 하기 때문이다. 그래서 가능하다면 기술 스택 하나, 산업군 하나에 집중해서 경험을 쌓는 것이 좋다.

기술이 아니다 싶으면 법과 회계를 공략하자

이 책 전체가 그렇지만 이 부분은 특히 완전히 개인적인 의견이라는 걸 먼저 밝힌다. 내가 엔지니어로 전향하려 했던 이유는 업계 주변부만 맴돌 것 같아서였다. 이전에는 행정적인 일을 주로 했기 때문에 당장 내일부터 누군가 나 대신 일을 한다 해도 전혀 문제가 없을 것 같다는 느낌도 싫었다. 나와 비슷한 생각을 하지만 기술은 정말 아닌 것 같다고 느끼는 비전공자들에게 추천해주고 싶은 것이 법과 회계다. 물론 엔지니어가 되는 것보다 쉬울 거라고 생각하면 오산이다. 어느 쪽이든 고시생의 마음으로 공부해야 한다.

법을 공략하라는 건 변호사가 되라는 말이 아니다. 기업들이 준수해야 하는 IT 관련 법을 배우라는 의미인데, 이걸 아주 거칠게 다른 말로 바꿔보면 IT 법규를 준수하는 데 필수적인 IT 보안을 공부하라는 말이다. 보안을 정확히 이해하려면 기술적인 부분도 알아야 하는데, 어느 정도의 지식이 필요할지는 '정보보안기사'라는 자격증 준비 서적을 보면 감이 올 것이다.

일반 기업의 보안 담당자 같은 경우 실제로 기술적인 작업을 수행하는 등의 업무가 포함될 수는 있다. 하지만 기술적으로 깊이 있게 들어가서 직접 뭔가 하지 않고, 기본적으로 필요한 정책과 법령을 정확히 알고 뭘 해야 하는지 파악하는 것이 중요한 자리들도 있다.

예를 들어 K-ISMSInformation Security Management System 심사를 받거나 개인정보보호법 내지 전자금융감독규정 같은 것들을 준수해야 하는 회사(거의 모든 회사다)에 다닌다고 생각해보자. 이런 심사를 통과하려면 지켜야 하는 항목들이 있다. 회사 직원들 계정을 어떻게 관리하는지, 퇴사자의 계정은 즉시 삭제되어 향후 악용될 여지를 줄이고 있는지 등을 누군가에게 검사 받아야 한다. 그러려면 해당 정책을 이해하고 어떻게 하면 지킬 수 있는지, 어떻게 조치해서 심사를 통과할 것인지 정확히 이해하고 처리해줄 사람이 필요하다. 그래서 몇백 장짜리 문서를 보는 게 더 익숙한 사람들에게 도전해볼 만한 것일 수도 있다.

다른 하나는 회계다. 역시 회계사가 되라는 말은 아니다. 회계는 여러 가지 측면에서 사용할 수 있다. 직접적으로 회계와 관련된 업무를 하는 사람이 아니라면 본업 실력을 기르는 것이 우선이지만, 회계를 어느 정도 이해하고 있다면 본업에 날개를 달아줄 수 있다.

회계는 기본 소양 같은 측면이 강하다. 지금 다니는 회사의 재무제표를 보고 우리 회사가 어디로 가려고 하는지, 회사 자금은 어떻게 흐르고 있는지, 내 일은 이 흐름에 어떤 의미를 가지는지 등을 생각해볼 수 있는 정도의 눈은 누구에게나 필요하다.

영업직도 회계를 알면 좋다. 우리 제품이 고객의 회계상 어떤 의미일 수 있는지 등을 그들 입장에서 제시할 수 있어야 한다. 예를 들어 구매 옵션이 1회 청구에서 연 구독 방식으로 변경되는 경우 고객 입장에서 재무적 이점이 뭔지 등을 설명할 수 있어야 하는 것이다. 영업 관점에서 회계 쪽을 집중적으로 보고 회사의 전략에 기여하는 사람들은 '세일즈·비즈니스 오퍼레이션'이라는 타이틀을 달고 있기도 하다.

마지막으로 인력 서비스를 운용하는 일반 운영팀이나 서비스팀 업무를 할 때도 회계를 알면 좋다. 일부 업무가 회계와 관련된 측면이 많아서다. 또 관리자급으로 갈수록 회계 업무까지 하게 된다. 내가 다녔던 회사들에서는 지출 내역, 팀 매출 등을 다 매니저가 취합해 보고했었다. 어디든 위로 갈수록 회계적 접근을 할 수 있다면 유리해진다.

주니어 레벨에서 회계를 알면 좋은 점은 '데이터'를 갖고 이야기할 수 있게 된다는 것이다. 경영지표, 핵심성과지표 등을 제대로 해석해서 숫자로 이야기하면 누구도 반박할 수 없다. 비기술 직군에서 승승장구하는 다른 동료들을 보면 숫자 보는 눈이 월등히 밝다. 이 부분은 비장의 무기로 조금씩 연마해두면 좋을 것 같다.

진짜로 더 멀리 가는 사연

원고를 쓰는 내내 나는 아주 적극적으로 커리어를 빚어가는 중이었다. 이 책을 읽을 사람들과 크게 다르지 않을 불안과 말 못할 두려움을 안은 채 나 역시 어디론가 가고 있었다. 원고를 다 쓰고 나서 커리어에 여러 변화가 있었는데, 그중 가장 큰 변화는 오랜 한국 지사 생활을 청산하고 조만간 미국 본사로 옮겨간다는 것이다. 오랫동안 바랐던 일이지만 갑작스럽게 느껴지기도 한다. 이 글을 쓰는 지금 이 순간마저도 곧 본사로 간다는 것이 전혀 실감나지 않는다(지금은

2022년 1월이고 미국에 가기까지 한 달도 남지 않았다).

꼭 외국계 IT 회사를 다녀야겠다고 생각한 건 아니었는데 처음 들어간 회사도, 지금 회사도 외국계 IT 회사다. 외국계 IT 회사에 관심이 많은 분들은 외국계 회사의 장점을 해외 근무 기회로 꼽기도 한다. 나도 막연하게 그런 희망을 품고 있었지만 막상 실제로 해보니 그렇게 쉽지만은 않았다.

외국계 회사의 한국 지사는 은행으로 치면 지방 영업점이다. 다른 동네에서 영업을 잘해보라고 지점을 내주는 것이다. 하지만 지사의 업력이 길어질수록 해당 지역 속성에 맞춰 더욱더 현지화되고 자잘한 부분들에서는 자체적인 결정권이 생겨 점점 더 본사와 거리감이 생긴다. 이는 곧 한국 지사 직원 개개인은 한국 지사에서만 의미가 있다는 말이다. 한국 지사 직원들은 한국 시장에 특화돼 있으니까. 그런데 본사 장사마저 잘 안 된다면? 당연히 굳이 비용을 대가며 먼 나라 영업점 직원을 불러올 이유가 없다. 그 나라 모국어가 영어가 아니라면 더더욱 기회를 주지 않는다.

그럼에도 한국 지사 직원인 내가 본사로 갈 수 있었던 건 지금 다니는 회사의 특수한 채용 문화, 옮겨가는 팀의 특수성, 지사가 생긴 지 오래되지 않아 글로벌한 협력이 많은 상황 등이 모두 더해졌기 때문이다. 특수한 상황이긴 했지만 나는 본사에 가기 위해 노력했다. 본사를 목적으로 외국계 IT 회사에 들어가려는 사람들을 위해 본사에 가고 싶었던 이유는 뭔지, 본사에 가기 위해 어떻게 노력했고 어떤 절차를 거쳐 내 자리를 찾을 수 있었는지 써봤다. 아마존 본사에 가는 필승 전략이 아니니 한 개인의 경험담으로 읽어주면 좋겠다.

왜 본사일까?

직무도 바꾸고 여기저기 치고받으며 우당탕 살면서도 해외에 나가 일하겠다는 생각을 버리지 않은 건, 잊을 만하면 찾아오는 소외감 때문이었다. 실체도 모르는 무언가의 조종을 받아 움직이는 인간이 된 것 같은 소외감. 나는 늘 뭔가 중요한 결정에서 배제되는 것 같았다.

첫 회사에 다닐 때, 지금도 기억날 만큼 굴욕적인 일이 있었다. 나는 팀 내에서 유일하게 영어로 의사소통하는 것을 꺼리지 않았기에 아시아태평양 본부(이하 AP)와 함께 일할 일이 많았다. 내가 주로 했던 일은 AP에서 새롭게 변경하는 프로세스들을 한국에 적용하는 일이었다. 당시 우리 팀이 하던 일은 고객사에서 발생하는 장애들을 조사하고 장애가 재발되지 않는 절차를 수립하는 일이었는데, 어느 날 AP에서 '특정 규모 이상의 영향을 주는 장애들은 보고서를 제출하고 엄격한 관리를 요망한다'는 지시가 내려왔다. 처음 지시를 받았을 때 팀장과 상의를 했다. 팀장은 AP와 싸우기 싫으니 그냥 시키는 대로 하자고 했다. 결국 우리는 해당 내용을 정리해 팀원들에게 공유했다.

팀원들은 당연히 반발했다. 한 팀원은 상당히 일리가 있는 의견을 적극적으로 개진하기도 했다. 그의 이야기를 들으니 나도 AP에서 왜 이런 프로세스 변경을 하는 건지 납득이 되지 않았다. 그래서 AP에 왜 이렇게 해야 하는지 다시 한번 설명해달라고 했다. 그랬더니 "하라면 해"라는 답이 돌아왔다. 나는 결국 굴욕감을 무릅쓰고 팀원에게 말해야 했다. "어차피 결정돼서 내려온 거니까 그냥 하라면 좀 해주세요."

남한테 창피한 건 잠깐이지만 나한테 부끄러운 건 평생을 가는 것 같다. 다른 힘든 일도 많이 겪었는데, 가장 굴욕적인 경험을 꼽다 보면 늘 이 일이 떠오른다. 내 입으로 "하라면 좀 해, 왜냐고 묻지 말고"라는 말을 하게 될 줄 몰랐고,

나도 납득이 안 되는 일을 다른 사람에게 시켜야 하는 상황을 견디기 어려웠기 때문이다. 외국계 회사는 수평적이라고 했는데 지역적인 위계는 굉장히 선명했다. 그때 다짐했다. 조금 더 결정권이 많은 곳으로 가겠다고. 이후에도 잊을 만하면 이런 일들이 발생했고 나는 그게 어디든 본사로 가야겠다는 생각을 했다. 아마 내가 일본계 회사를 다녔다면 일본으로, 유럽계 회사를 다녔다면 유럽으로 갔을 것이다. 나는 그저 본사에 가고 싶었다.

어떻게 본사로 가게 됐을까?

규모가 큰 외국계 회사들은 오픈된 포지션 정보를 볼 수 있는 내부 포털 사이트 같은 것이 있다. 이 사이트에는 세계 각지의 공고가 올라온다. 일반적인 공고 내용에 더해 회사 외부 사람에게도 오픈된 공고인지, 다른 지사에서 옮겨가는 것도 허용하는지 등의 정보가 포함돼 있다. 가끔 일하다 딴짓을 하고 싶을 때 이 사이트에 들어가 어느 나라에 어떤 자리가 났는지, 그들이 요구하는 역량은 무엇인지 등을 살펴보곤 했다. 그러다 진짜 옮길 수 있는 자격을 갖췄을 때(특정 직급부터 옮길 수 있는데, 해당 직급에서 1년 이상 재직해야 한다) 본격적으로 내 자리를 찾아봤다. 전체 과정은 일반적인 취직 과정과 거의 같은데 면접 전형이 약간 간소화됐다는 점만 달랐다. 진행 단계는 다음과 같았다.

① 공고가 올라온 팀 매니저들에게 이력서 발송
② 팀 매니저와 1대1 미팅
③ 매니저가 지정한 인원들과의 루프loop 면접
④ 최종 기술 면접

① 이력서 발송

이 단계에서 가장 많은 시간을 썼다. 기존에는 원활했던 국가 간 이동이 코로나 19로 많이 막혀 있어서 외국인을 받는 자리가 몇 없었기 때문이다. 나는 궁여지책으로 두 가지 포지션에 지원하기로 했다. 하나는 외국인을 받지 않는 내 직급의 포지션, 다른 하나는 외국인 지원이 가능하지만 나보다 높은 직급의 포지션이었다. 외국계 회사는 채용의 많은 권한을 팀 매니저에게 일임해서 매니저가 팀원의 직급을 변경하는 것도 비교적 자유롭게 할 수 있다. 그래서 내 직급보다 높은 포지션에도 지원해보기로 한 것이다.

위 포지션이더라도 내 목적에 부합해야 했다. 내 목적은 미국에 가서 일하는 게 아니라 내가 원하는 '본사'의 일을, 잘해내는 거였다. 그래서 두 가지 기준을 세웠다. 첫째, 직무는 바뀌지 않아야 한다. 주변 환경에 더해 직무까지 바뀌면 바로 성과를 내는 게 힘들 것 같았다. 둘째, 헤드쿼터가 있는 시애틀이나 알링턴이어야 했다. 나는 내 포지션과 목적에 부합하는 팀을 찾기 위해 약 두 달 동안 일주일에 한 번씩 공고를 싹 뒤졌다.

이 조건을 만족시키는 팀 자체가 별로 없었지만 그래도 꽤 추리긴 했다. 이후 해당 팀의 매니저들에게 메일을 보냈다. 전혀 모르는 사람에게 보내는 영업 메일을 '콜드 메일cold email'이라고 하는데, 나도 매니저들에게 나를 소개하고 영업하기 위해 콜드 메일을 썼다.

콜드 메일은 형식만 메일일 뿐, 그냥 이력서다. 그래서 메일에 ①AWS에서의 경험들을 근거로 제시할 수 있는 강점 세 가지, ②아시아태평양, 유럽, 미국, 남미에 있는 팀과 영어로 일해서 얻은 성과, ③나와 가까이 일한 사람들 중 나에 대한 피드백을 줄 수 있는 사람들의 연락처, ④내가 지금껏 받아왔던 동료 평가(우리 회사는 1년에 한 번씩 서면으로 동료 평가를 한다), ⑤임원급의 평가에 더해 스스로 부족하다고 생각하는 점 등을 썼다. ⑤의 경우 한 임원분이 "스스로를 돌아보면서 발전하는 사람이라는 것을 보여주기에 좋을 것 같다"는 의견을 줘서 추가한 것이었다.

열심히 메일 원문을 만든 뒤 두 달에 걸쳐 갈 수 있겠다고 생각한 팀들에 메일을 보냈는데 응답률은 상당히 좌절스러웠다. 50퍼센트는 답장이 오지 않았고, 30퍼센트는 거절했고, 20퍼센트는 나를 만나보겠다고 했다. 나는 총 네 명의 매니저와 1대1 미팅을 하게 됐다.

② 매니저와 1대1 미팅

총 네 명과 1대1 미팅을 해보니 A팀은 별로 가고 싶지 않았고, B팀은 가고 싶기도 했고 매니저도 내 자리를 알아봐줬는데 절차상 불발됐다. C팀은 시니어가 필요하다며 나를 뽑을 만한 다른 팀을 알아봐주겠다고 했다. 그렇게 D팀 매니저에게 연락해 미팅을 진행했고, 최종적으로 이 팀에 가게 되었다.

미팅 준비는 수월한 편이었다. 미국에 가려는 이유, 그 팀에 가고 싶은 이유, 내가 팀에 기여할 수 있는 것, 장기적인 일의 목표 등에 대한 답변을 준비했는데 미국행을 마음 먹으면서 늘 일기에 쓰던 이야기들이라 어렵지 않았던 것 같다. 매니저와 미팅을 하면서는 D팀에 간다고 할 때 걱정되는 점을 터놓고 얘기했는데 꽤 좋은 전략이었다.

D팀은 전보다 개발을 더 많이 해야 하는 팀이었고, 나는 여기에 대한 나의 강점과 걱정을 말하며 대화를 끌어나갔다. 내가 잘하는 부분에서 성과를 낼 자신은 있는데 너희 팀에서 요구하는 상용 수준의 개발은 많이 해보지 않아 걱정된다, 열심히 공부하며 채워나갈 테지만 시간이 필요한 일인데 용인해줄 수 있냐, 매니저로서 너희 팀에 이런 리스크를 완화할 요소가 있다고 생각하냐… 사실 '안 되면 말고'라는 마음으로 솔직하게 말한 건데, 매니저는 나를 '자신에게 부족한 것이 무엇인지 알고 있고, 그걸 채워나갈 역량이 있는 사람'으로 봐준 것 같았다. 1대1 미팅이 끝난 뒤 매니저는 이렇게 말했다. "이제 네가 우리 팀에 맞을 거라는 확신이 들어I'm now convinced that you are a good fit to our team."

③ 네 번의 루프 면접

아마존의 채용 과정은 길고 험난하기로 악명이 높다.

아마존의 리더십 원칙을 기반으로 하는 루프 면접 때문이다. 2022년 1월 기준 총 열여섯 개의 리더십 원칙이 있는데, 면접자가 해온 경험이 이 원칙에 얼마나 부합하는지 평가하는 면접이다.

내부에서 팀을 옮길 때의 루프 면접은 외부 채용보다 간소화해서 진행하는 것 같았다. 다섯 명과 할 루프 면접을 더 적은 인원과 한다는 점(팀마다 다른데 나는 네 명과 진행했다), 면접보다는 동료와 나누는 대화 같았다는 점, 나와 대화한 이들이 내 대답을 적지 않는다는 점 등에서 그렇게 느꼈다.

사실 매니저가 팀에 대해 더 알아보고 결정을 하라며 이 사람들을 소개해줬고, 그들의 질문에 대답하는 게 아니라 그들과 대화를 했기 때문에 면접이라고 생각하지는 못했다. 네 명을 모두 만난 뒤 매니저가 "사람들이 너에 대해 이렇게 얘기해줬어"라고 하는 걸 듣고 나서야 면접이었다는 걸 알게 됐다.

총 네 명과 진행된 면접에서 주로 질문을 하는 쪽은 나였고, 상대가 답을 하면 나는 그에 대한 내 의견을 얘기했다. 내가 가게 될 팀의 팀원들에게는 내년에 어떤 일을 하고 있을 것 같냐고, 다른 팀 사람에게는 내가 지금 가는 팀이 어떻게 일하는지, 같이 일하기 좋은 사람은 어떤 사람이라고 생각하는지 등을 물었다. 좋은 질문을 하는 것, 대화가 끊기지 않게 이어가는 것 등이 중요한 자질이라는 건 알고 있었지만, 내가 던진 질문만으로도 누군가는 전문적인 평가를 내릴 수 있다는 것을 새삼 깨달았다. 이후 우리 회사의 전통이기도 한 동료 평가의 전년도 자료를 달라고 해서 전달해 줬다.

④ 기술 면접

매니저가 마지막으로 요청한 것은 기술 면접이었다. 기술적인 전문성을 상당히 요하는 팀이라는 걸 계속 강조했기에 놀랍지는 않았다. 매니저는 지금 팀에서 해온 일들 중 가장 자랑하고 싶은 기술적 성취에 대해 설명해주면 된다고 했다. 나는 그간 지원했던 고객 케이스 중 하나와 내가 개발했던 샘플 애플리케이션 하나를 꼽아, 어떤 기술적인 의사 결정을 하며 각각의 케이스를 완성했는지 등을 정리했다. 면접 전에 각 케이스들을 문서로 정리해 공유하기도 했다. 매니저도 꼼꼼한 편이라 해당 케이스 기술 전문가들에게 피드백을 받은 뒤 면접에 들어왔다. 매니저가 이런저런 기술적인 질문들을 던졌지만 특별히 난이도가 높다고 생각하지는 않았다.

채용 과정이 끝난 후 여러 행정적인 절차를 거쳐 내게 오퍼레터가 도착했다. 나는 이 글을 쓰는 시점에도 여러 서류를 준비하며 미국으로 옮겨갈 준비를 하고 있다. 아마 책이 나올 때쯤에야 미국에 있을 것이다.

난 작은 일에 전전긍긍하고 그 결과에 대해 일희일비하는 편이다. 그런데 희한하게 인생에서 중요한 큰일일수록 그냥 덜컥 해버린다. 미국행이 결정된 직후에도 남 일인 양 별 감흥이 없었다. 그런데 지금은 미국행의 단점을 찾아보면서 또 전전긍긍하고 있다. 물론 미리 걱정한다고 해결될 것들은 아니었다. 그래서 다시 한번 내가 잘하는 것을 하고 있다. 지금 할 수 있는 것들을 최선을 다해 해내기. 내가 지금 할 수 있는 최선은 격렬히 아무것도 하지 않고 사랑하는 이들과 함께 격동하는 내 인생을 지켜보는 일이다.

IT 회사에 간 문과 여자

© 염지원, 2022

초판 1쇄 발행   2022년 3월 18일
초판 2쇄 발행   2022년 4월 20일

지은이	염지원	이메일	moro@morobooks.com
편집	조은혜	트위터	@morobooks
디자인	스튜디오243	인스타그램	@morobooks
제작처	영신사		
펴낸이	조은혜	ISBN 979-11-975597-2-3 03190	
펴낸곳	모로		
출판등록	제2020-000128호		
등록일자	2020년 11월 13일		